어쩌다 쓰레기가 이토록 많아진 걸까요?

제로 웨이스트
좀 아는 10대

사회
쫌 아는
십대
17

제로 웨이스트 쫌 아는 10대

최원형 글 / 방상호 그림

어쩌다 쓰레기가 이토록 많아진 걸까요?

풀빛

제로웨이스트는 기후 위기를 늦추는 일

기후 재난이 빈번해지면서 멸종이라는 단어가 자주 들려. 2018년에는 영국에서 '멸종 반란'이라는 단체가 생기기도 했어. 여섯 번째 대멸종에 대해 들어 봤니? 지구 역사에는 지금까지 대멸종이 다섯 번 있었어. 다섯 번째 대멸종인 중생대 백악기 공룡 멸종에 대해선 들어 봤을 거야. 앞서 벌어진 다섯 번의 대멸종은 모두 지구 시스템의 변화로 벌어진 거였어. 그런데 과학자들이 전망하는 여섯 번째 대멸종의 원인은 대부분 인간 활동에 의한 거야. 인간에 의한 무분별한 서식지 파괴와 남획(짐승이나 물고기를 생태계에 영향을 미칠 정도로 많이 잡는 것) 등으로 이미 무수히 많은 생물종이 지구에서 사라졌을 뿐만 아니라 인류의 생존마저 위협하고 있는 상황이야.

만약 과학자들이 예측한 대로 여섯 번째 대멸종이 정말 벌어진다면, 우린 아마 지구 역사상 가장 짧게 살다 간 생물종이 될 거야. 먼 훗날 어떤 고등한 생명체가 지금 우리 인류처럼 지구를 지배하게 된다면 지구 역사상 가장 짧게 살다 간 호모 사피엔스의 흔적을 어떻게 알 수 있을까? 지질 시대를 흔히 선캄브리아 시대, 고생대, 중생대, 신생대로 크게 나누는데, 이 가운데 선캄브리아 시대는 화석이 거의 나타나지 않아 알려진 게 별로 없어. 반면 고생대는 삼엽충 화석, 중생대는 공룡 화석으로 시대를 유추할 수 있지. 호모 사피엔스가 살았던 시기는 아주 특별한 화석으로 알 수 있을 것 같아. 플라스틱, 콘크리트, 방사능 핵종, 미세먼지, 미세플라스틱은 우리 시대에 가장 많았던 것들이고 자연으로 돌아가기까지 매우 오랜 시간이 걸릴 것들이지. 이런 것을 '테크노 화석'이라고 불러.

하나 더 추가하자면, 닭 뼈가 있어. 지구상의 모든 조류 가운데 가장 많은 조류가 닭이야. 전 세계에는 닭이 대략 330억 마리나 길러지고 있어. 이토록 많이 기르니까 닭 뼈가 화석처럼 발견될 거라 예측하는 걸까? 2019년 논휴먼 난센스^{Nonhuman Nonsense}라는 그룹이 '핑크 치킨 프로젝트^{Pink Chicken Project}'를 제안한 적이 있어. 생명공학 기술인 유전자 드라이브^{Gene Drive}를 사용해서 전 세계 모든 닭의 뼈와 깃털을 분홍색으로 유전자 조작하자는 제안이야. 그들은 먼 훗날 우리가 살았던 지질층의 한 겹은 적어도 분홍색이 될 거라고 예언 같은 말을 했어. 그만큼 많은 닭이 길러지고 먹혀 닭 뼈가 지층을 뒤덮을 거라는 얘기지.

이 프로젝트는 여러 가지 문제를 발언하고 있어. 유전자 조작의 문제, 공장식 축산의 문제, 넘치도록 과한 육식의 문제, 동물권에 대한 윤리적인 문제, 그래서 도달하게 될 기후 위기의 문제까지. 우리 인류는 자연의 법칙과 조화롭지 못한 방향

으로 지구에 깊고 선명한 흔적을 남기고 있어. 그래서 이 시
대를 인류세(인류로 인해 빚어진 지질 시대)라고 부르기도 하지.

"우리의 화석 연료 중독이 인류를 벼랑 끝으로 몰아가고 있습니다. 우리가 중독을 멈출 것인지, 중독이 우리를 멈추게 할 것인지 엄숙한 선택의 기로에 서 있습니다. 자연을 변기처럼 취급하는 것을 이제는 멈춰야 합니다."

2021년 영국 스코틀랜드의 최대 항구 도시인 글래스고에서 열린 제26차 유엔기후변화협약 당사국총회COP26 개회식에서 안토니오 구테흐스 유엔 사무총장이 했던 연설 중 일부야. 지금 우리 문명을 비춰 주는 거울 같은 말이라고 생각해. 특히 자연을 변기처럼 취급한다는 말이 정곡을 찌르고 있어. 우리 삶을 반성하고 돌아봐야 할 것 같아. 자연은 우리의 변기가 아니야. 그러니 폐기물을 지구에 버린다는 생각을 이젠 그만두어야 할 때가 아닌가 싶어.

자, 그렇다면 우리는 무엇을 해야 할까? 스톡홀름 회복센터SRC의 패트리샤 고메즈Patricia Villarrubia-Gómez 박사는 재료와 제품을 낭비하지 않고 재사용할 수 있도록 순환 경제로의 전환이 무척 중요하다고 말해. 순환 경제란 자원을 버리지 않고 계속 사용하는 걸 의미해. 그러니까 제로웨이스트야말로 순환 경제의 다른 말이라고 할 수 있지.

제로웨이스트는 단지 쓰레기를 줄이는 차원이 아니라 기후 위기를 늦추는 일이기도 해. 일상에서의 실천이 그동안 몇 가지 이유로 간과되어 왔어. 실천하려니 너무 불편하다는 의견, 개인의 실천이 세상을 바꾸기에는 너무 미약하다는 의견들이야. 이 두 가지 의견 모두 나는 동의할 수 없어. 편리한 삶이라는 게 쉼 없는 소비와 쓰레기 생산이었다는 걸 자각한다면 앞으로 우리가 생존을 위해 해야 할 선택은 지금보다 불편한 삶일 수밖에 없어.

그래서 나는 '불편'이라는 말 대신 '지혜'라고 바꾸어 부르고 싶어. '소비하는 삶'에서 '지혜로운 삶'으로 전환해 보자는 거지. 아무리 기후 위기 시대여서 한시가 시급하다지만 그럴수록 개인의 의식이 깨어나고 일상에서의 실천들이 널리 퍼져야 해. 개인이 변해야 세상이 바뀌거든. 개인과 세상은 둘이 아니기 때문이야. 내 생각에 동의한다면, 이제 함께 제로웨이스트의 세계로 떠나 볼까?

차례

1장

우리 문명의 민낯

이집트 문명도 황허 문명도 아닌
쓰레기 문명?

찌그러진 채로 처박힌 차가 엉켜 탑처럼 쌓여 있는 장면을 한 사람이 바라보고 있어. 벽돌이 뒹굴고 있는 바닥은 처참하게 파여 있었지. 2021년 독일의 한 도시, 바트노이에나르아르바일러에서 벌어진 풍경이었어.

　자동차뿐이었을까? 누군가에게 가장 편안했을지 모를 의자, 세계 곳곳에 들고 다녔을 여행 가방, 최신식이었을지도 모를 가전제품과 고급 가구 등 크고 작은 물건들이 진흙을 잔뜩 뒤집어쓴 채 뒤엉켜 거대한 쓰레기 더미를 이루고 있었어. 2021년 7월의 서유럽은 100년 만의 기록적인 폭우로 고통스러운 여름을 보냈지.

　기후로 인한 재난은 이제 일상이 돼 버린 것 같아. 그해에 특히 독일 서부 지역과 벨기에, 네덜란드는 상당한 피해를 입었는데, 독일에서만 180여 명이 사망했고 150명이 넘는 실종자가 발생했어. 이웃 나라인 벨기에도 38명이 숨진 것으로 알려졌지. 이 폭우의 원인으로 과학자들은 기후 변화를 꼽았어. 서유럽의 기온이 올라가면서 대기 중 수증기 비율이 과하게 높아져 폭우가 발생했다는 거야. 사망자가 많이 발생했던 까닭은 내릴 비의 양을 예측하지 못했기 때문이었어. 극단적인 기상 현상은 현재 사용하고 있는 슈퍼컴퓨터로도 예측이 어렵다고 과학자들은 이야기해. 예측할 수 없는 기상 현상, 이게 바로 기후 위기야. 저소득 국가에서 주로 발생하던 기후 재난이 이젠 세계 곳곳에서 일어나고 있지.

홍수의 충격은 그것으로 끝이 아니었어. 비는 그쳤지만 마을에 온갖 쓰레기 잔해들이 마구 뒤엉키며 지역 주민들은 또 다른 고통을 겪어야 했거든. 모든 물건 하나하나가 다 갖고 싶고 필요해서 장만한 것들이었을 텐데 쏟아지는 폭우로 인해 순식간에 쓰레기로 변해 버린 거야. 쓰레기 더미를 치우느라 복구는 더뎠고, 쓰레기에서 나는 악취로 사람들의 고통은 배가 되었지.

재난으로 만들어진 쓰레기 사례는 또 있어. 동일본 대지진에 대해 들어 본 적 있니? 2011년 3월 11일에 일본 동북부 지방을 관통한 규모 9.0의 대지진이 발생했고, 그 충격으로 엄청난 지진 해일이 해안으로 밀려들었지. 최고 높이가 38미터나 되었다니, 아파트 1층 높이가 대략 2.8미터니까 13층쯤 되는 높이야. 이 정도의 쓰나미가 덮친 지역에 과연 무엇이 온전히 남아날 수 있을까?

쓰나미가 덮치면서 바닷가에 있던 핵 발전소가 폭발하는 사고가 발생했어. 이 사고로 방사능이 유출되면서 후쿠시마를 비롯한 그 일대가 사람이 살 수 없는 땅이 돼 버렸지. 일본 정부는 동일본 대지진 재해로 인한 사망자와 실종자가 1만 8

천 명이 넘는다고 발표했어. 방사능으로 병들거나 그 후유증으로 사망한 사람은 포함되지 않은 숫자야.

엄청난 인명 피해뿐 아니라 많은 건물이 무너졌고, 그 안을 채우고 있던 물건이 쓸려 나왔지. 당시 대지진으로 발생한 쓰레기의 양을 일본 환경성은 대략 2500만 톤으로 추산했어. 쓰나미가 육지로 몰려왔다가 다시 바다로 가면서 휩쓸고 간 쓰레기의 대부분은 일본 연안에 가라앉았을 거야. 쉼 없이 파도가 일며 바닷가로 오고 가니까. 그럼에도 많게는 30퍼센트 가까운 쓰레기가 먼 바다로 흘러 들어갔을 것으로 추정해.

바닷물이 일정하게 흐르는 걸 해류라고 하는데 바다로 흘러 들어간 쓰레기는 해류를 따라 이동하겠지. 미국 해양대기청NOAA은 환경보호국 등 여러 기관과 협력해서 해양 데이터를 수집하며 이 쓰레기 더미가 어디로 흘러갈지 경로를 예측했어. 그 결과, 2011년 3월에 일본 연안에서 만들어진 쓰레기가 그해 말쯤이면 하와이 북부 지역을 통과할 것이고, 2013년쯤엔 미국 서해안에 도착할 거라고 전망했지. 실제로 1년 반이 지났을 때부터 하와이 섬을 비롯해서 미국 캘리포니아와 캐나다 등 북아메리카 서해안에서 일본으로부터 떠밀려 온 폐기물이 발견되기 시작했어.

인간이 만들어 낸 쓰레기 섬과 쓰레기 산

태평양 이야기를 하자면 북태평양 중간 지대에 있는 한반도 면적의 8배나 되는 거대 쓰레기 지대^{GPGP}를 빼놓을 수 없지. 하와이와 미국 캘리포니아주 사이에 위치한 이 쓰레기 지대는 1997년 알갈리타 해양연구재단의 찰스 무어 선장이 처음 발견해서 세상에 알려지게 됐어. 해마다 강이나 해변을 통해 바다로 흘러 들어가는 쓰레기는 800만 톤에서 1300만 톤으로 추정하고 있어. 해양 쓰레기의 절반 이상은 어업 활동을 하면서 버려진 것들이고, 나머지는 육지에서 흘러 들어간 것으로 보고 있지.

앞서 살펴본 것처럼 재난이 닥치면서 바다로 쓸려 가는 쓰레기도 있지만 육지 쓰레기는 주로 강을 통해 바다로 흘러 들어간다고 해. 쓰레기 유입이 가장 많은 10개 강 가운데 8개가 아시아에 있고, 나머지 2개는 아프리카에 있어. 이 강들의 공통점은 강줄기를 따라 도시와 사람이 많다는 거야. 또한 쓰레기 처리 인프라가 부족한 저소득 국가가 주를 이루지. 고대 인류 문명의 발상지였던 강이 이젠 해양 쓰레기가 유입되는 통로가 돼 버렸어.

그렇다면 육지 쓰레기는 대체 어느 정도일까? 설악산도, 지리산도 아닌 '쓰레기 산'에 대해 들어 본 적 있니? 우리나라에 있는 어떤 쓰레기 산은 2019년 미국 뉴스 채널인 CNN에 집중 보도된 적도 있어. 이 쓰레기 산의 정체는 경북 의성에 있는 한 폐기물 재활용업체가 4만여 제곱미터의 매립장 부지에 쌓아 올린 쓰레기 더미였어. 교실 한 칸이 대략 66제곱미터니까 교실 600여 개를 붙여 놓은 정도의 넓은 면적에 폐비닐, 플라스틱, 목재, 섬유 등 20만 톤이 넘는 쓰레기를 쌓아 놓은 거야. 살펴봤더니 재활용 가능한 폐기물이 7만 5000여 톤, 소각 가능 쓰레기가 3만 2000여 톤, 땅에 묻어야 하는 매립 쓰레기가 6만 6000여 톤이었다고 해.

쓰레기 산은 국제적인 망신이 아닐 수 없는데, 비단 의성에만 있는 게 아니었어. CNN 보도 이후 환경부가 전국에 걸쳐 불법으로 형성된 쓰레기 산의 위치를 찾아냈고 이것을 바탕으로 한 신문사가 지도를 만들었는데* 2020년 8월 기준으로 356곳, 152만 1494톤 분량의 쓰레기 산이 있대. 불법 쓰레기 산은 책임자를 찾아도 처리할 비용이 엄청나서 결국 세금으로 처리해야 하는데, 그 비용만 1천억 원이 넘을 거라고 해.

---

* 〈국민일보〉, "[값싼 쓰레기정책의 역습] ③ 쓰레기 산의 비밀"(2020년 10월 30일) 기사 참고.

그렇다면 쓰레기 산은 왜 이토록 많을까? 쓰레기를 많이 만들어 내고, 제대로 못 버리고, 처리 시설도 부족하기 때문이야. 전문가들은 과잉 생산과 자원 순환 시스템이 제대로 작동하지 않아서라고 말하지.

쓰레기장이었다가 새로운 모습으로 탈바꿈한 곳도 있어. 서울 상암동 월드컵 경기장과 그 주변은 과거엔 '난지도'라 불리던 쓰레기 매립지였어. 서울 시민들이 버린 쓰레기를 매립하던 곳이었는데 공간이 포화 상태에 이르자 폐쇄되었고, 이후 경기장과 아파트 등 여러 건물이 들어서면서 이전과는 완전히 이미지가 달라졌지. 겉모습은 바뀌었지만 여전히 그 아래에는 쓰레기가 매립되어 있고, 쓰레기가 분해되면서 발생

하는 메탄을 비롯한 매립 가스를 빼내느라 곳곳에 파이프가 박혀 있어. 매립 가스를 모아서 그 일대 아파트를 비롯한 건물의 난방 에너지로 활용하고 있지. 그렇다면 현재 서울시가 배출한 쓰레기는 어디에 매립되는 걸까? 3장에서 자세히 알아볼 거야.

소비가 '거대한 가속'을 부추기다

내리막길에서 자전거를 타 본 적 있니? 브레이크를 잡지 않아 그야말로 가속도가 붙으면서 점점 빠르게 내달렸던 기억은? 브레이크를 잡지 않고 내리막길을 달리는 건 목숨을 거는 일과 다르지 않아. 공간이 무한히 넓다면 모를까 결국은 멈출 수밖에 없는 때가 오고야 마니까.

'거대한 가속'이라는 말을 들어 봤니? '가속'만으로도 속도가 점점 빨라지고 있는데 거기에 더해서 '거대한'이라는 무시무시한 수식어가 붙었어. 1950년대 이후로 사회 경제의 흐름이나 지구 시스템의 변화와 관련한 어떤 지표를 보더라도 우리 인류는 정신없이 가속 페달을 밟으며 살아오고 있고, 그걸 '거대한 가속'이라고 표현한 거야. 인류 문명을 이토록 잘 표현한 말이 또 있을까 싶어.

이러한 가속의 가장 큰 이유로, 인구 증가를 꼽을 수 있어. 우리나라는 최근에 인구 소멸이라는 말까지 거론될 정도로 저출산 국가지만, 지금도 세계 인구는 가파르게 증가하고 있어. 유엔에 따르면 1927년 20억 명이던 세계 인구는 1974년에 40억 명, 1987년 7월 11일에는 50억 명, 1999년 10월 12일에는 60억 명을 돌파했고, 2011년 10월 31일에는 70억 명을, 그리고 2022년 10월 기준으로 세계 인구는 79억 7천만명이 넘었어.

인구가 증가하니 자연히 사회 경제 인프라 건설이 증가하고 다양한 지수들이 증가할 수밖에 없어. 가령 물이나 비료, 종이 사용도 증가했고 자동차와 비행기, 그리고 건물과 도로, 공항 건설도 증가했지. 그 결과 더 많은 살충제를 사용했고, 더 많은 숲을 베어 버렸고, 더 많은 물고기를 잡아들였어. 경제 규모가 커지면서 수입이 늘어나자 사람들은 더 좋고 더 멋진 물건을 더 많이 가지려고 했고.

이렇게 점점 더 많이 소유하려는 사람들의 욕망이 '거대한 가속'을 만들었지. 정확히 말하면 사람들이 욕망을 자발적으로 갖게 된 건 아니야. 기업의 영향이 있었지. 기업은 무한 성장을 목표로 더 많은 이윤을 얻으려고 더 많은 물건을 만들고 있어. 필요 이상으로 만들어 놓고는 사람들의 욕망을 자극하지. 아직 멀쩡한 텔레비전이 있지만 더 큰 텔레비전으로 바꾼다면 훨씬 품격 있는 삶이 될 거라는 광고에 사람들은 미련

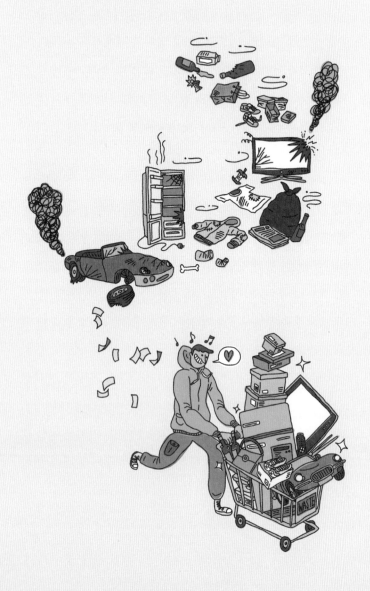

없이 '멀쩡한' 텔레비전을 버리고 새 걸 사. 결국 쓰레기도 거대한 가속으로 증가하면서 쓰레기 산이 생기고, 해양으로 흘러가 거대 쓰레기 지대로 쌓이는 거지.

세계인의 골칫거리, 페플라스틱

어쩌면 세상에 알려진 쓰레기는 빙산의 일각일지도 몰라. 쓰레기 문제에 국제 사회가 관심을 기울이기 시작한 지는 얼마 되지 않으니까. 또한 잘사는 나라의 쓰레기를 떠안았어도 정작 쓰레기를 처리할 인프라가 갖춰지지 않은 '저소득 국가의 쓰레기 실태'는 제대로 파악조차 되지 않고 있거든.

저소득 국가는 안팎으로 넘쳐나는 쓰레기 문제에 직면하자 살길을 찾으려 노력하고 있어. 아프리카 대륙의 54개 나라 가운데 34개의 나라는 일회용 플라스틱 사용을 규제하거나 규제를 도입하기 위한 법안을 통과시켰어. 그중 16개 나라는 비닐봉지 사용을 전면적 또는 부분적으로 금지하고 있지.

아프리카에서 가장 먼저 비닐봉지 사용을 금지한 나라는 동아프리카에 위치한 에리트리아야. 르완다는 2008년부터 생분해되지 않는 비닐봉지 사용을 금지했고 르완다로 입국하는 외국인도 비닐봉지 반입이 금지돼 있어. 케냐는 2017년 10월부터 비닐봉지 사용을 금지했어. 처벌도 굉장히 센데, 기업이 어겼을 때는 우리 돈으로 4700만 원, 개인은 58만 원가량의 벌금형에 처해질 수 있대. 아프리카의 이런 앞선 행보를 보면 우리나라는 너무 나태한 것 같지?

전 세계가 쓰레기로 비상이 걸렸던 적이 있어. 2018년의 일인데, 그동안 세계 쓰레기의 58퍼센트가량을 수입하던 중국이 더 이상 폐플라스틱 등 쓰레기를 수입하지 않겠다고 선언했거든. 중국은 그동안 수입한 쓰레기를 산업을 발전시키는 연료로, 재활용품을 만들어 되파는 용도로 사용해 왔어. 그런데 쓰레기를 처리하는 과정에서 대기 질이 최악의 상황으로 치닫는 등 환경 오염 문제가 생기자 그런 결정을 했던 거야. 중국의 쓰레기 수입 금지 조치는 그동안 폐기물에 대한 고민을 별로 하지 않았던 우리나라를 포함한 잘사는 유럽과 북미 대륙의 여러 나라에겐 느닷없이 발등에 떨어진 불 같았지. 플라스틱의 소비량은 시간이 흐를수록 점점 늘어나는데 처리에 대해서는 거의 손을 놓고 있었으니까.

그렇다면 이후 플라스틱 폐기물은 어떻게 처리되고 있을까? 뒤에서 세계 여러 나라의 쓰레기 시스템을 살펴볼 거야.

국제 사회에는 환경 문제와 관련한 다양한 협약이 있어. 그 가운데 바젤협약은 유해 폐기물이 나라와 나라를 불법으로 이동하는 걸 방지하는 국제 협약이야. 1992년에 발효되었고 2022년 기준 우리나라를 포함해서 190개국이 협약에 가입해 있어. 2019년부터는 선별되지 않은 혼합 폐플라스틱을 미리 알리지 않고 수출하거나 수입하지 못하도록 '유해' 폐기물로 추가했어.* 이처럼 국제 협약으로도 폐플라스틱의 이동을 막고 있는데 그렇다면 플라스틱 소비는 줄었을까?

2022년 1월 영국의 일간지 〈가디언〉 보도에 따르면 과학자들은 플라스틱, 살충제를 비롯한 화학 물질 오염이 지구 생태계의 위험 한계선을 넘어섰다고 보고 있어. 살충제는 이미 알고 있듯이 깨끗한 공기와 물을 오염시킬 뿐만 아니라 식량 공급에 중요한 곤충을 멸종에 이르게 하지. 또한 이미 플라스틱의 총 질량이 살아 있는 모든 포유동물의 총 질량을 넘어섰다고 해. 플라스틱은 단지 미세플라스틱 문제만이 아니라 제조 과정에서 사용하는 화학 물질이 일으키는 피해 역시 심각해.

---

* 바젤협약에 따라 통제 대상 폐기물은 수입국의 사전 서면 동의를 받은 경우에만 국가 간 이동이 가능하다. 폐기물을 수입 또는 처리한 자는 해당 폐기물의 수령 또는 처리 결과를 수출자와 수출국에 통보해야 한다.

2장

소비한다, 고로 존재한다

쓰레기는 왜 이토록 많아지게 된 걸까?

무한 성장이 진리라고?

우주에도 우리 인간이 만든 쓰레기가 있다는 사실을 알고 있니? 지구 궤도에는 인공 우주 물체가 2만 3000여 개나 있는데, 이 가운데 10퍼센트만이 사용 중인 인공위성이고 나머지는 모두 우주 쓰레기래. 이 많은 우주 쓰레기가 지구 궤도를 도는 인공위성과 충돌을 일으킬 가능성은 충분하지?

그런데다 우주 인터넷 사업이 각광을 받으면서 일론 머스크가 설립한 스페이스X를 비롯해 위성을 띄우는 경쟁이 벌어지고 있어. 현재 위성의 10배가 넘는 위성을 앞으로 발사할 거라는데, 이렇게 되면 지구 궤도는 지금보다 더 복잡해질 테고 우주 쓰레기는 또 얼마나 많아질까? 지구에 있는 쓰레기도 처치 곤란인데 이제 우주 쓰레기까지 고민해야 하다니 우주 개발이 반갑지만은 않아.

그동안 우리는 지구에서 자원을 꺼내 쓰고 내다 버리는 것에 대해 어떤 비용도 지불하지 않았고 죄책감조차 느끼지 않았어. 지구는 우리가 언제든 꺼내 쓸 수 있고 마음껏 파괴해도 괜찮은 곳이라는 생각이 지배하고 있었던 때문이지. 간단하게 이야기하면 대량 채굴, 대량 생산, 대량 소비, 그리고 대

량 폐기하는 우리 문명의 패러다임이 지구에 이토록 쓰레기가 넘쳐나게 만든 거야. 이런 패러다임은 '무한 성장이야말로 진리'라는 생각에서 비롯되었어.

필요하지 않아도 사게 만드는 광고

2022년 2월, 미국 최대 스포츠 행사인 슈퍼볼 경기장에 삼성전자가 만든 110미터의 세계 최대 스크린이 설치되어 화제가 되었어. 그 스크린을 통해 관중들은 경기 리플레이나 클로즈업 장면 등을 생생하게 볼 수 있고 선수 기록이나 팀별 점수도 확인할 수 있지.

근데, 스크린 설치가 왜 화제가 됐을까? 슈퍼볼은 해마다 2월에 열리는 미국 프로풋볼리그[NFL] 챔피언 결정전인데, 평균 시청자가 1억 명이 넘고 미국에서만 시청률이 40퍼센트나 될 정도로 엄청나게 인기라고 해. 그래서 슈퍼볼 공식 티켓 가격도 일반석 기준으로 4000달러(약 570만 원) 이상이고 30초 광고비가 2022년 기준으로 무려 650만 달러(약 78억 원)였어. 이토록 비싼데도 당시 현대·기아차는 물론 마이크로소프트, 구글, 아마존 등 글로벌 기업들이 광고 경쟁에 나섰지. 왜 그랬을까? 수많은 사람이 이목을 집중하니 이때 광고하면 효과가 굉장하겠지? 그러니 스크린을 설치한 삼성전자는 얼마나 큰 광고 효과를 누렸겠어?

혹시 어릴 적에 처음 봤던 광고를 기억하니? 내 기억으론 호빵 광고였어. 아마도 겨울이거나 추워지기 시작하는 계절이었을 거야. 텔레비전에서 따끈따끈한 호빵을 호호 불며 먹는 광고를 보니 얼마나 먹고 싶었겠어? 더구나 이런 광고는 주로 출출한 오후나 야식을 먹고 싶은 늦은 밤 시간에 나오거든. 광고의 전략이지. 만약 광고를 보지 않았어도 호빵이 먹고 싶었을까? 알 수 없는 일이긴 하지만 먹고 싶은 생각을 하게 된 데에 광고의 역할이 적지 않았을 거야. 광고는 사람들에게 이런 물건이 있으니 '어서 사'라며 소비를 부추기는 역할을 하니까.

우리나라 최초의 광고는 신문 광고였어. 1886년에 〈한성주보〉라는 신문에 독일계 회사인 세창양행이 광고를 실은 게 최초였다고 해. 그때 광고를 '고백'이라고 했대. 사랑 고백이 아니라 알린다는 의미의 고백이었어. 어떤 광고를 했을 것 같니? 당시는 고종이 나라를 다스리던 조선 시대였어. 세창양행은 호랑이, 수달, 검은담비, 소, 말, 여우 등의 가죽과 사람의 머리카락, 돼지나 소와 말의 털, 동물의 꼬리, 뿔 등과 담배, 종이, 옛 동전 같은 물건을 살 테니 가지고 오라는 광고를 했어. 그러니까 19세기 말엔 조선에서 뭔가를 만들 원료를 사들이려는 교역의 일종으로 광고를 했던 거지. 동물의 털은 여러 가지 재료로 쓰였을 텐데, 옛 동전은 어쩌면 동양의 작은 나라에서 쓰던 물건이라 기념물로 유럽 사람들에게 팔았던 걸지도 몰라. 광고의 시작은 이렇듯 소박했어.

광고가 영향력을 발휘하기 시작한 건 물건을 대량으로 생산하면서부터야. 광고는 곧 소비를 의미하지. 빌딩 외벽, 버스, 택시, 그리고 전철엔 플랫폼과 내부에도 광고가 있어. 스마트폰으로 뉴스를 검색해도 광고가 튀어나오지. 게다가 이젠 광고를 보고 그 물건을 사러 오프 매장으로 갈 이유가 사라졌어. 특히 코로나19를 거치며 언택트, 그러니까 비대면 사회로 빠르게 전환했잖아. 언제 어디서든 온라인 매장에서 물건을 살 수 있으니 소비에 가속도가 붙을 수밖에. 그만큼 쓰레기도 가속도가 붙으며 늘어나게 된 거고.

미국의 시장 조사 기관 얀켈로비치에 따르면, 온라인 광고가 존재하지 않았던 1970년대엔 한 사람에게 노출되는 광고가 대략 500~1600여 개였대. 거리에 설치된 텔레비전이나 광고판, 신문, 라디오 같은 매체를 통해서 광고를 접했겠지. 2007년이 되면서 한 사람이 대략 5000여 개의 광고에 노출되고, 2020년엔 하루에 6000~1만여 개의 광고에 노출이 되었대. 특히 스마트폰이 우리 생활에 빠르게 들어오고 온라인 쇼핑이 증가하면서 한국도 이와 비슷한 추세일 거야.

케이블 방송이 많이 생기면서 광고는 우리 생활 속으로 더 깊숙이 들어왔지. 텔레비전을 보다 보면 프로그램을 보는 건지 광고를 보는 건지 헷갈릴 때가 많아. 요즘은 아예 프로그램에 소품으로 등장해서 간접광고를 하는 PPL^{Product Placement}도 있고, 프로그램 중간에 광고를 배치해서 시청자가 강제로 광고를 보게 만드는 경우도 있어.

홈쇼핑은 물건을 판매할 목적으로 만들어진 채널이야. 쇼호스트가 물건의 장점을 계속 이야기하는 걸 듣다 보면, 게다가 수량이 한정된 판매 상품이라든가 일정 시간 동안에만 세일하는 경우엔 안 사면 혼자 손해 보는 것만 같아서 물건을 덜컥 사게 되지. 그렇게 충동적으로 구매한 물건은 막상 배달되면 마음이 달라지기도 해. 그래서 '변심 반품'이라는 말도 생겼어. 충동적으로 산 물건일수록 꼭 필요하지는 않을 가능성이 높으니까.

'구독'이라는 말을 들어 본 적 있을 거야. 미리 돈을 지불하고 일정 기간 동안 무언가를 보거나 서비스를 받는 걸 의미해. 예전에는 신문이나 잡지를 주로 구독했는데 이젠 옷, 꽃, 신선식품, 가전제품, 음악 스트리밍, OTT 서비스˚, 자동차 등 뭐든 구독이 가능한 세상 같아. 택배 이용이 늘어나다 보니까 배송업체에도 구독 서비스가 있어.

구독한다는 건 정기적으로 소비한다는 걸 의미해. 이런 걸 구독경제라고 하지. 구독 서비스를 주로 이용하는 연령층은 MZ세대˚˚인데, 이들은 무언가를 구독하는 비용이 물건을 구입할 때보다 적기 때문에 합리적인 소비라고 생각한대. 그런데 제로웨이스트의 삶을 살려는 입장에서 보면 정기적으로 물건이 배달되면서 발생할 쓰레기를 생각하지 않을 수 없어. 구독은 필요보다는 편리를 위한 소비 또는 습관적인 소비일 경우가 훨씬 많으니까.

대중 매체가 변하니까 광고 시장도 달라지고 있어. 개인 유튜버 시대가 열리자 누구든 콘텐츠를 제작해서 유포하는 게 가능해졌지. 먹방 유튜버, 하울 유튜버 등 온갖 유튜버들이

생기면서 소비를 부추기는 일이 하나의 직업이 되었어. 혼자
서는 도저히 먹을 수 없을 정도로 많은 음식을 앞에 두고 하
나씩 먹어 치우는 먹방 알지? 인터넷 공개 백과사전인 위키
피디아에도 'mukbang'이 올라와 있는데 뜻이 'eating show'
야. 먹는 걸 쇼처럼 보여 주는 영상에 적절한 해석인 것 같아.
유엔세계식량계획^{WFP}에 따르면 지구상에 1억 5500만 명 이
상이 심각한 식량 불안정을 겪고 있고, 4100만 명 가까이가
기아의 구렁텅이에 빠지기 일보직전이라는데 우리는 먹는 것
으로 쇼를 벌이고 있다는 사실을 어떻게 이해해야 할까?

하울^{haul}은 '세게 끌어당기다' 또는 '차로 나르다'라는 뜻도 있
지만, 하울 영상에서의 하울은 '특정 브랜드나 특정 분야의
상품을 한꺼번에 많이 구입'하는 것 또는 '자신이 산 것을 자
랑하고 설명'하는 걸 의미해. 구매한 물건을 뜯어 보여 주고
물건을 품평하는 사람을 하울 유튜버라 불러. 하울 유튜버는
주로 비싼 명품을 구입하는데 포장 박스를 뜯는 소위 '언박싱
^{unboxing}(상자를 연다)'하는 영상을 보고 사람들은 대리만족을 느

• Over The Top, 인터넷을 통해 영화, TV 방영 프로그램 등의 미디어 콘텐츠를 제공하
는 서비스다. 넷플릭스, 왓차, 티빙, 웨이브, 쿠팡 플레이 등 다양해지고 있다.
•• MZ세대는 1981~2010년생을 주로 지칭한다.

낀다고 해. 먹고 싶어도 다이어트와 건강 등의 이유로 먹을
수 없는 사람들, 명품을 갖고 싶어도 여력이 안 되는 사람들

이 영상을 들여다보며 만족조차 대리로 느껴야 하는 세상이라니! 이렇게 관심을 받으며 조회 수 증가에 따라 수익이 발생하는 걸 관심경제라고 해.

요즘은 비싼 물건을 샀다고 자랑할 때 '플렉스했다'는 표현을 쓰는데, 플렉스라는 말의 어원은 '구부리다'인데 운동으로 다져진 근육을 자랑할 때 쓰다가 '뽐낸다'는 뜻으로 변했어. 소비로 자신을 과시하는 거지. 로고플레이라는 말도 있어. 브랜드 로고가 큼지막하게 박힌 옷이나 가방 등 소품을 들고 다니며 자랑하는 걸 뜻해. 그러자 로고리스라는 말도 생겼어. 브랜드가 보이지 않는 명품을 입는 걸 의미해.

이런 행동들 속에는 "나는 이렇게 부자야", "나는 이런 물건도 쉽게 살 수 있는 능력이 있어"라는 인정을 받고 싶은 욕구가 깔려 있기도 하고, 다른 사람과 차별된 삶을 살고 있다는 걸 물건으로 표현하려는 심리가 반영된 것이라고 전문가들은 분석해.

소비와 관련한 신조어는 넘치도록 많고, 계속 생겨나고 있어. 모방 소비는 남이 사니까 따라 산다는 의미인데, 가령 유행하는 물건을 너도 나도 들고 다니는 걸 모방 소비라 하지. 코로나19 대유행으로 해외여행이 금지되고 외식도 어려워지자 사람들은 참고 참다가 거리두기가 해제되자마자 그동안 억눌러왔던 걸 소비하기도 했어. 그것을 보복 소비라고 해. 생필품은 저렴한 것을 고집하면서도 남들에게 보여지는 비싼 물건에는 지갑을 여는 야누스 소비도 있어.

소비는 다양한 이유로, 그리고 다양한 모습으로 날로 증가하고 있지. 삶을 더 편리하게 만들어 주는 물건이어서 소비하기도 하고, 비싼 물건이어서 나를 돋보이게 해 주기 때문에 소비하기도 해. 그런데 잘 살펴보면 소비하는 배경엔 심리적인 요인이 깔려 있어. 남들이 갖고 있는 걸 나만 갖지 못하게 될 때 뒤처져 무시당할지도 모른다는 두려움, 부자라고 인정받고 싶은 욕망 같은 거 말이야.

랜덤박스라고 들어 봤니? 내용물을 미리 알 수 없는 제품들을 일정 가격에 한 묶음으로 판매하는 상품을 말해. 구매한 사람은 박스에 무엇이 들어 있는지에 대해서는 중요하게 생각하지 않아. 배달 온 상자를 언박싱하면서 즐거움을 느끼는 게 중요한 거지. 이쯤 되면 소비 사회가 가져온 이상한 현상이라고 봐야 하지 않을까?

⟶ 과잉으로 생산해서 과잉으로 소비가 이루어진 뒤에 얻게 되는 이윤, 바로 이윤 추구가 쓰레기를 증가시킨 중요한 원인인 것 같아. 이윤을 추구하는 그 자체는 나쁜 게 아니야. 다만 배출된 쓰레기를 어떻게 제대로 처리할 것인지 대책을 마련한 상태에서 이윤을 추구했어야 한다는 거지. 이윤은 생산자가 사유화하면서 폐기에 대한 책임은 누구도 지지 않아서 결국엔 공동체 전체가, 나아가 미래 세대가 떠맡아야 한다면 이건 공평하지 않잖아.

집 밖에서 음료를 마실 때는 행여 흘려서 옷을 망칠까 봐 좀 걱정이 되는 건 사실이야. 그래서인지 흘리지 않고 마시기 쉽도록 만든 음료가 많이 나와 있어. 입을 대기만 하면 쭉쭉 빨아먹을 수 있는 것부터 원터치 마개를 뜯어 마실 수 있는 제품까지. 문제는 이런 음료들을 마시고 나서 분리배출할 때 무척 힘들다는 거지. 입을 대는 부분과 음료가 담긴 부분의 플라스틱 재질이 서로 달라서 분리해서 배출하려면 가위로 자르는 과정이 필요해. 그리고 가위로 잘라도 크기가 작은 플라스틱은 재활용이 안 되기 때문에 종량제 봉투를 구입해서 따로 쓰레기로 버려야 하는데, 이런 게 모이면 얼마나 낭비일까? 음료를 마시는 짧은 시간을 위해 개인이 치러야 할 부담이 너무 크다는 생각이야.

라벨이 붙은 음료도 문제야. 재활용 센터에서 분리하니까 괜찮을 거라고? 종이 라벨이야 물에 불려 벗기면 되겠지만, 모든 라벨이 잘 분리되는 건 아니야. 플라스틱과 알루미늄, 복합 재질로 만든 뚜껑은 너무 작아서 일일이 손으로 잡아떼야 하는데, 손이 많이 가는 이런 어려운 작업을 하려면 사람이 많이 필요해. 인건비가 많이 드니까 결국엔 그냥 쓰레기로 버려지지. 부피가 작으니 상관없다고? 천만 명이 일 년에 한 병씩만 그 음료를 마셔도 천만 개야. 작아서 괜찮은 쓰레기는 이 세상에 없어.

애당초 만들 때부터 생산자가 복합 재질을 쓰지 말았어야 했고, 복합 재질을 쓸 수밖에 없다면 분리배출이 쉽도록 만들었어야 하지 않을까? 이렇게 분리배출이 어려워지니 재활용도 쉽지 않고, 결국 필요한 폐플라스틱 원료를 외국에서 수입하는 일이 벌어지지. 생산 단계에서부터 재활용을 염두에 두고 제품을 만들었더라면 쓰레기가 지금처럼 넘쳐나진 않았겠지. 다행히 2020년부터 재활용이 어려운 유색 페트병, 물에서도 잘 떨어지지 않는 라벨 접착제 사용을 금지하고 있어.

생산자는 왜 복합 재질로 제품을 만들까? 알루미늄 뚜껑으로만 만들어도 될 걸 그 위에 플라스틱 캡을 왜 덧씌우는 걸까? 쓰레기 발생을 줄이고 재활용을 고민했다기보다는 제품이 소비자 눈에 띄어서 잘 팔리는 디자인에 초점을 두었기 때문은 아닐까?

1960년대까지만 해도 음료 포장재는 대부분 유리였어. 지금도 일부 제품은 빈 병에 보증금을 부과하고 재사용을 하지. 그런데 왜 많은 음료수 포장재가 페트와 캔으로 바뀐 걸까? 빈 병을 회수해서 재사용하는 데 드는 비용보다 페트나 캔을 사용해서 한 번 쓰고 버리는 게 생산자 입장에선 비용이 덜 들기 때문이야. 게다가 유리는 무거워서 한 번에 많이 운반하기도 어렵고 운송비도 많이 들거든. 이런 효율적인 경영의 배경에 폐기물에 대한 고민이 있었을까?

폐플라스틱의 가장 큰 책임, 생산자

그린피스는 2021년에 시민 약 2700명(841가구)을 대상으로 일주일 동안 집에서 배출한 플라스틱 폐기물을 조사하는 프로젝트를 실시했어. 1~5인 가구 구성원들이 일주일 동안 집 안에서 배출한 플라스틱을 정리하고 기록했더니 폐플라스틱의 수가 무려 7만 7288개나 됐대. 한 가구당 일주일 동안 92개 정도를 버린 셈이야.

이 가운데 어떤 용도로 사용한 플라스틱이 가장 많았을까? 식품 포장재가 전체 배출량의 78.1퍼센트를 차지했어. 두 번째는 칫솔, 샴푸, 마스크 같은 개인 위생용품이 14.6퍼센트였는데, 이 중에는 마스크가 절반을 넘었다고 해. 식품 포장재 플라스틱 중에는 음료나 유제품류가 32퍼센트가 넘었어. 그러니까 생수나 우유 같은 음료 포장재로 플라스틱을 가장 많이 사용하고 있다는 얘기야. 게다가 식품 포장재의 절반은 재활용이 어려운 비닐로 만들고 있다는 분석이 나왔어.

호주 비영리 단체인 '마인더루 재단'이 발표한 보고서에 따르면, 전 세계에서 배출하는 플라스틱 쓰레기의 절반 이상인 55퍼센트가 세계 주요 플라스틱 제조업체 20곳에서 만들어 낸 것으로 나타났어. 1위는 미국 석유 기업인 엑슨모빌, 그 뒤로 다우케미칼, 시노펙, 인도라마벤처스, 사우디아라모 등이 뒤를 이었고, 한국 기업으로는 롯데케미칼이 12위를 차지했어. 플라스틱 사용량은 비단 쓰레기만의 문제가 아니야. 기후 위기와 플라스틱 소비 사이에도 깊은 관련이 있다는 사실을 기억해야 해.

2021년에 미국 한 대학의 플라스틱 연구진이 발간한 보고서 제목이 〈새로운 석탄: 플라스틱과 기후 변화〉였어. 플라스틱을 만들려면 원료인 에틸렌 등을 얻기 위해 화석 연료를 분해해야 하는데, 미국 내 그런 공정을 위한 시설에서 한 해에 약 7000만 톤의 탄소를 배출해. 이 정도 양은 평균 크기인 500MW(메가와트) 석탄 화력 발전소 35개에서 배출하는 탄소량과 맞먹는 규모거든. 그뿐 아니라 플라스틱 제품의 수출과 수입 과정에서 또 탄소를 배출하겠지. 보고서에 따르면 플라스틱 생산부터 폐기까지 약 10단계에서 배출하는 한 해 탄소 배출량은 최소 2억 3200만 톤으로, 500MW 석탄 화력 발전소 116개가 배출하는 것과 맞먹는 양이라고 해. 미국 에너지 정보청EIA에 따르면, 2020년 미국에서 전력을 공급하는 석탄 화력 발전소는 181개였어. 보고서의 제목이 왜 '새로운 석탄'인지 이해되지? 이처럼 플라스틱 쓰레기 문제는 자원 문제이고 기후 문제이기도 해.

그렇다면 누가 폐플라스틱 배출량을 줄이는 데 가장 큰 노력을 기울여야 하는지 이제 분명해졌지? 결국 생산자가 폐기물에 대한 책임을 지도록 제도를 바꾸는 것이 첫 번째로 해야 할 일이야. 생산자가 폐기물에 일정 부분 책임지는 제도가 아예 없는 건 아니야. 제품을 생산한 기업은 제품이 폐기된 이후에도 재활용을 의무화하도록 하는 생산자 책임 재활용제

EPR, Extended producer responsibility가 있어. 우리나라는 2003년에 도입했는데 이 제도가 적용된 제품에는 분리배출 표시가 있어. 분리배출 표시가 있다는 건 이미 물건 가격에 재활용 비용이 포함되어 있다는 뜻이야. 그런 제품을 재활용하지 않고 일반쓰레기로 배출한다면 종량제 봉투를 사느라 두 번 돈을 지불하는 셈이니까 분리배출 표시가 있는 것은 반드시 재활용으로 배출해야 해. 만약 분리배출 표시를 부착하고도 재활용이 불가할 경우엔 생산자가 책임지고 재활용이 가능하도록 강제하는 법을 만들어야겠지.

하나 더 강조하면, 재활용은 이미 생산을 염두에 둔 제도라는 거야. 일회용품 사용이 늘어나고 쓰레기 배출량도 같이 증가하면서 강조되었던 게 재활용이지. 재활용으로 쓰레기 문제를 해결하려면 재활용이 가능하도록 생산 단계에서 고민하는 게 당연하지만, 그보다 생산량을 줄이는 일이 선행되어야만 해. 시민들과 집콕 플라스틱 프로젝트를 실시했던 그린피스는 폐플라스틱을 줄이기 위해서는 무엇보다 기업이 일회용 플라스틱의 실제 사용량을 투명하게 공개해야 한다고 주장했어. 실제 사용량을 바탕으로 얼마만큼 줄일 것인지 감축 로드맵을 마련해서 책임감 있게 줄여 나가야 한다고 말이야. 우리가 시험 공부할 때 계획을 세우듯이 기업도 책임감 있게 계획을 세우라는 요구였어.

기업이 이렇게 감축 로드맵을 마련하고 사회적 책임을 다하도록 유도하려면 정책이 바뀌어야 해. 그 정책을 만드는 곳은 정부야. 정부가 기업이 플라스틱 감축을 제대로 하고 있는지 감시하고 감독해야 해. 정책을 만들려면 근거가 되는 법이 필요한데, 법을 만드는 입법 기관인 국회에서 일하는 국회의원을 시민들이 선출해. 그러니 기업이 폐플라스틱을 계속 증가시킨 게 온전히 기업만의 탓이라고 할 수 있을까? 관리 감독을 못한 정부의 책임도 있고, 제대로 입법 활동을 못한 국회의원의 책임도 있고, 제대로 일할 의원을 선출하지 못한 유권자의 책임도 있는 거지. 정부는 단지 정책을 만들고 기업을 감시하는 것으로 할 일이 끝난 게 아니야. 쓰레기가 산을 만들지 않고 제때 소각이나 매립이 될 수 있게 인프라를 갖추는 일을 해야 해.

3장

내가 버린 것들의 행방

쥐도 새도 모르게 치워지는 쓰레기

쓰레기는 왜 밤에 수거할까?

출출해서 편의점에 들러 컵라면을 하나 후루룩 먹던 어느 날을 떠올려 보렴. 약간 남은 국물과 찌꺼기는 튀지 않게 잔반통에 잘 쏟았고, 빈 그릇과 나무젓가락은 일반쓰레기통에 버렸어. 앉던 의자도 제자리에 잘 정돈하고 나니 할 일을 다했다 싶어 개운하게 편의점을 나오다 말고 마음이 약간 무거워졌던 경험은 혹시 없니? 만약 있다면 방금 쓰레기통으로 던져 버린 저 쓰레기들이 영원히 그곳에 잠들 수 없다는 걸 내 양심이 알고 있어서일 거야.

쓰레기 치우는 모습을 본 적 있니? 우리 집 쓰레기를 누가 가져가는지, 언제 치우는지, 어디로 가져가서 어떻게 처리되는지 알고는 있니? 모두가 쓰레기를 만들고 살지만 정작 치워지는 모습을 보기 어려운 건 쓰레기를 수거해 가는 시간이 주로 밤이거나 새벽이기 때문이야. 그런데 사람들이 잠든 심야에 쓰레기를 치우다 보니 음주 차량에 치이거나 청소 차량 유압 장치에 끼이는 등 청소노동자들이 다치고 때로 목숨을 잃는 일이 벌어져. 환경부에 따르면 2015년~2017년 사이에 청소노동자 1822명이 사고를 당했고, 이 가운데 18명이 숨졌대. 환한 낮이었다면 시야 확보가 충분해서 벌어지지 않았을

수도 있는 사고였던 거지. 2018년부터 환경부는 사고를 예방
하기 위해 청소 차량에 안전장치를 부착한 '한국형 청소차'를
개발해서 보급하고 있고, 2019년에는 청소노동자들이 낮에

작업하는 걸 원칙으로 한다는 내용이 담긴 폐기물 관리법 개정안도 통과시켰어. 소위 선진국이라 불리는 나라 중에 밤에만 쓰레기를 치우는 나라는 없거든.

그런데도 여전히 야간에 쓰레기를 치우는 곳이 더 많아. 이유는 여러 가지인데, 낮에는 거리에 차량이 많아 신속하게 쓰레기를 치우는 일이 쉽지 않아서야. 새벽까지 영업한 가게들이 문을 닫으면서 내놓은 쓰레기로 거리가 더러워지니 출근길 시민들이 눈살을 찌푸릴 수도 있겠지. 미처 치우지 못한 쓰레기를 거리에 쌓아 두면 불쾌하게 생각하는 사람들도 있대. 하긴, 음식물쓰레기 수거 차량이 지나가는 모습을 어쩌다 보면 냄새도 나고 음식물 찌꺼기가 붙은 차량을 보는 일이 결코 유쾌하진 않지. 이런저런 이유로 쓰레기를 사람들이 대부분 잠든 밤에 눈에 띄지 않은 곳으로 치우고 있어.

그런데 생각해 보면 결국 우리가 쓰레기를 만들고 있잖아. 그러면서 더럽다고 하다니, 대단한 모순 아닌가? 더구나 소비가 갈수록 가속화되는 시대에 끊임없이 쓰레기를 만들면서도 쓰레기를 외면하는 이 역설. 아무리 감추고 보이지 않게 꽁꽁 숨겨도 쓰레기는 결국 우리가 사는 지구 어딘가에 머물 수밖에 없어. 더구나 그 양이 계속 늘어나고 있으니 더 이상 숨길 곳도 마땅치 않고 말이야.

왓츠 인 유어 백! 네 가방 속이 궁금해

전철을 타고 가던 중이었어. 조용하던 전철 안에서 느닷없이 유행가가 아주 크게 들리는 거야. 어떤 나이 지긋한 남자 어른에게서 들리는 전화벨 소리였어. 그 사람은 가방에 손을 넣고는 휘휘 젓는데 아마도 스마트폰을 못 찾는 것 같았어. 시끄러운 음악 소리에 점점 사람들의 시선이 그리로 쏠렸고, 시선을 의식한 남자는 당황했던 때문인지 스마트폰을 더 못 찾는 것만 같았지. 다급한 손길로 점퍼 주머니도 살피고 다시 가방을 뒤지던 중 음악 소리가 끊어졌어. 결국 가방 안에서 스마트폰이 나왔지. 대체 그 남자는 왜 자기 가방 안에 든 스마트폰을 금방 못 찾았던 걸까? 가방 속에 물건이 너무 많았던 건 아닐까?

너희는 가방 속에 뭐가 들어 있는지 기억하니? 잠시 책 읽기를 멈추고 지금 내 가방 안에 뭐가 있는지 가방을 열지 말고 기억을 더듬으면서 물건 이름을 한번 적어 볼래? 이제 다 적었으면 가방을 쏟아 놓고 확인해 보는 거야. 기억한 것과 실제로 나온 물건이 몇 개나 일치했니? 기억하지 못했던 물건 가운데 꼭 필요한 물건이 있는지도 한번 살펴볼래? 물건마다 어떻게 내 것이 되었는지 사연을 간단히 메모해 봐도 좋

아. 내 돈 내 산[1]인지 선물 받은 건지, 공짜로 얻은 건지 적어
보는 거야.

가방 안에 들어 있던 물건들을 꼭 필요한 물건과 없어도 그만인 물건, 그리고 필요 없는 물건으로 분류해 보면 어떨까? 우리가 소유한 물건 가운데 얼마만큼(몇 퍼센트)의 물건이 필요한 걸까? 꼭 필요하지 않아도 갖게 되는 건 무엇 때문일까? 물건은 모두 언젠가는 쓰레기가 될 거야. 쓰임이 다하거나 싫증나거나 또는 낡아서 더는 쓸 수 없게 될 테니까. 그렇다면 그것들은 어디로 가서 어떻게 되는 걸까?

가정에서 나오는 쓰레기를 공식적으로는 생활폐기물이라고 하는데, 이 책에서는 그냥 생활쓰레기라고 부를 거야. 생활쓰레기는 크게 재활용품, 일반쓰레기, 음식물쓰레기로 분류하고 조금 더 세분화하면 대형쓰레기, 유해쓰레기까지 총 5가지로 나누어.

쓰레기를 내놓으면서 '분리수거'한다는 말을 많이들 하는데, 수거는 가져간다는 뜻이니까 쓰레기를 내놓는 건 '분리배출'이 정확한 표현이야. 가령 생활쓰레기 가운데 입을 쓱 닦은 휴지는 일반쓰레기니까 종량제 봉투에 담아 배출해야 해. 일반쓰레기 처리 방법은 태우거나(소각) 땅에 묻어(매립). 너희

• '내 돈 주고 내가 산 물건'을 줄여 부르는 신조어이다.

동네에 소각장이나 매립지가 있니? 아니, 소각장이나 매립지라는 말을 들어 본 적은 있니? 어른들도 자기가 사는 동네에 이런 시설이 있는지 여부를 제대로 아는 사람이 드물어. 우리가 쓰레기에 어느 정도 관심을 갖고 사는지 잘 보여 주는 사례인 것 같아.

누구나 쓰레기를 버리면서도 대부분 사람은 쓰레기 처리 시설을 혐오 시설로 여겨. 특히 우리나라의 경우엔 쓰레기 처리 시설이 동네에 들어오면 집값이 떨어진다며 반대해. 그럼 그런 시설들은 어디로 갈까? 결국 인구가 적거나 노인들이 주로 사는 변두리나 소외된 곳에 짓게 되지. 그렇지만 쓰레기는 이동 거리가 짧아야 하지 않을까? 도시에서 만든 쓰레기를 다른 지역에서 처리하는 행태는 정의롭지 못할 뿐만 아니라 부도덕한 일이 아닐 수 없어. 쓰레기의 양은 해를 거듭할수록 늘어나지만 이런 지역 이기주의 때문에 쓰레기를 처리할 시설이 부족해도 새로 지을 수도, 있던 시설의 규모를 확장하는 일도 다 쉽지가 않아. 전국 곳곳에 쓰레기 산이 생길 수밖에 없는 이유이기도 하지.

일반쓰레기

현재 인천시에 있는 수도권 매립지에는 서울뿐만 아니라 경기, 인천 등 수도권 59개 지자체에서 나오는 일반쓰레기를 매립하고 있어. 수도권 매립지는 김포 앞바다의 갯벌을 매립해서 만든 땅인데, 원래 농경지로 사용할 계획이었어. 그런데 당시 서울 쓰레기 매립지인 난지도(지금의 상암동)가 거의 포화 상태에 이르자 이곳을 쓰레기 매립지로 용도를 변경해서 사용하기 시작했지. 갯벌은 수많은 생명이 사는 터전인데 그곳이 결국 쓰레기 매립지가 되었다는 사실이 너무나 마음이 아프구나.

1992년에 쓰레기 매립을 시작하면서 2016년이면 매립지가 가득 찰 거로 예상됐대. 그렇다고 매립지를 무한정 늘릴 수 없으니까 정부는 쓰레기의 양을 줄이는 정책을 시작했어. 난지도가 가득 차서 난감했던 경험을 통해 쓰레기양을 줄이지 않고서는 방법이 없다는 걸 배웠던 걸까? 과거의 경험에서 교훈을 얻는 건 중요해. 1991년부터 쓰레기 분리배출을 의무화했고 위반하는 사람에게 100만 원 이하의 과태료를 부과하도록 했어. 정부가 나서서 쓰레기 줄이기 정책을 펼치니까 분리배출이 활발해지면서 재활용 양도 늘어났지. 1995년부터 쓰레기 종량제를 실시하면서 재활용이 가능한 것은 따로 분리수거를 했어. 소각장을 건설해서 태울 수 있는 쓰레기는 그쪽으로 보냈더니 반입되는 쓰레기양이 줄어 매립지를 사용할 수 있는 기간이 늘어났지.

수도권 매립지에서는 2020년부터 반입 총량제를 정해서 쓰레기를 더 줄이기 위해 노력하고 있지만 실제 쓰레기양은 줄어들지 않고 있어. 왜일까? 앞서 소비문화를 살펴봤듯이 소비에 거대한 가속이 붙었잖아. 2000년 이후로 소비는 가파르게 증가하고 있고, 코로나19로 일회용품의 사용은 더 늘고 있는 상황이야. '배달의 민족'이라는 우스갯소리는 현실이 되어 배달 문화가 증가하면서 일회용품 사용량도 기하급수로 늘고 있어. 온라인 쇼핑 증가도 쓰레기양을 늘리는 데 한 역할을 하고 있지.

인천시는 2025년 이후로는 더 이상 다른 지역 쓰레기를 받지 않겠다고 발표했고, 환경부는 2030년부터 생활쓰레기를 직접 매립하는 걸 금지하기로 결정했어. 새로운 매립지를 찾는 일은 너무 어렵고 제한된 공간을 아껴 사용할 수밖에 없으니 생활쓰레기를 태우고 남은 재만 매립하기로 한 거야. 보통 쓰레기 100을 태우면 5 정도의 재가 남아. 20분의 1로 줄어드니 매립에 사용되는 공간이 많이 줄긴 하지. 그런데 직접 매립을 하지 않을 경우엔 또 다른 쓰레기 문제가 생겨나. 일반쓰레기를 태울 소각 시설을 서울과 수도권에 많이 만들어야 하거든.

우리나라는 전 세계에서 면적 대비 쓰레기 배출량이 세계 최고야. 심지어 쓰레기양이 세계 최고인 미국보다도 면적 대비 쓰레기 배출량이 무려 7배나 더 많아. 왜 직접 매립을 금지하고 재만 매립하자고 하는지 이해가 되지? 지금 당장 쓰레기 발생을 과감하게 줄이지 않는다면 앞으로 엄청난 사회 문제가 될 거야. 이런 이유로 제로웨이스트는 이제 선택이 아닌 필수가 되었어.

대형쓰레기

돈을 아낀다고 종량제 봉투를 꽉꽉 채워서 배출하는 사람들이 있어. 종량제 봉투 20리터를 꽉 채운 걸 들어 본 적 있니? 제법 무거워. 그런데 5배나 되는 100리터짜리에 쓰레기를 꽉꽉 눌러 담으면 청소노동자가 들기엔 너무 힘들어. 그 무거운 걸 들어 차에 싣다가 허리를 다치는 등, 청소노동자들이 근골격 계통의 질환으로 고통을 겪는다고 해.

이 문제는 어떻게 해결하면 될까? 100리터짜리 대형 종량제 봉투를 없애면 되지 않을까? 무슨 콜럼버스 달걀 세우기 같은 소릴 하냐고? 생각의 전환 문제 아닐까? 그럼 부피가 큰 쓰레기를 어떡하느냐고? 크기를 줄이거나 도저히 그럴 수 없는 건 대형쓰레기로 배출하면 되지. 침대나 소파 같은 대형폐기물은 종류에 따라 비용을 지불하면 지자체에서 수거해 가잖아. 그렇게 하자는 거지.

냉장고나 세탁기 같은 대형폐기물은 그걸 만든 기업에 연락하면 와서 무상으로 가져가. 꼭 새 가전제품을 살 때만 가져가는 게 아니라 폐기할 때도 연락하면 가져가. 그러니 주위 어른들에게 알려 주면 좋겠어. 그런데 버려지는 가구나 전자 제품의 70퍼센트가량은 재활용할 수 있는 것들이라고 해. 충분히 더 사용할 수 있는 걸 버리는 건 쓰레기 처리 문제만이 아니라 자원 낭비야. 이런 것들을 다시 활용할 방법은 생각보다 많아. 재활용 센터나 중고 거래 사이트 같은 곳을 이용해 집 근처에서 내게 필요 없는 물건과 필요한 물건을 서로 거래하는 거야. 재활용과 재사용은 비슷한 듯하지만 달라. 재활용 센터는 중고 물품을 파는 곳이니 사실은 재사용 센터가 더 정확한 명칭이야. 꼭 필요한 물건은 일단 중고 마켓에서 찾아보면 좋겠어. 이미 세상에 나온 물건을 재사용하는 거니까 새

롭게 자원을 얻으려고 채굴하거나 생산하느라 에너지를 쓰지 않아도 돼. 게다가 새로운 물건은 새롭게 쓰레기를 추가하는 걸 의미하는 건데, 중고 물품은 그럴 염려가 없지. 재활용에 관해서는 뒤에서 더 자세히 이야기할게.

유해쓰레기

재활용이 안 되는 쓰레기 가운데 중금속 등 유해 물질이 있는 쓰레기는 특별히 관리해야 해. 수은이 들어 있는 폐건전지나 폐형광등, 농약과 약품 같은 유해쓰레기는 따로 분류해서 관리하는데, 폐형광등은 지자체가 수거해서 전국에 있는 폐형광등 재활용업체로 보내. 그곳에서 폐형광등을 파쇄한 뒤 재질별로 처리할 거야. 최근에는 형광등 대신 LED를 많이 사용하는데 회로기판이 있어서 전구처럼 교환할 수도 없고 망가졌을 경우엔 쓰레기가 꽤 커서 난감하더라고. 현재는 신문지 등으로 싸서 종량제 봉투에 버리는데 앞으로 LED 폐기물이 늘어날 거라서 LED만 수거해서 활용할 방법을 찾아야 할 거야. 새로운 물건이 계속 생산되기 때문에 처리 방법도 계속 개발할 수밖에 없어. 그렇다면 이런 처리 방법은 누가 고민하고 개발해야 할까? 당연히 생산자여야 해. 생산자가 물건을 만드는 데만 열중할 게 아니라, 폐기 이후에 어떻게 자원을 순환시킬 것인지에 대한 대책도 함께 세워야겠지.

먹다가 남은 약, 특히 물약은 유통 기한이 지나면 어떻게 버려야 할지 난감할 때가 있어. 어떤 사람들은 물약을 변기에 버리고 플라스틱 통은 씻어서 재활용으로 분리배출한다고 해. 변기에 버리면 결국 바다로 흘러들기 때문에 해양 생태계에 영향을 끼칠 수밖에 없고, 돌고 돌아 우리 인간의 몸으로 올 거야. 그 약품이 어떤 문제를 일으킬지 알 수 없기 때문에 지자체마다 폐의약품을 수거°하고 있는데 방법이 다 달라. 서울시의 경우 2022년에 조례를 바꿔서 약국과 주민센터에서 수거하기로 정했는데 약국들이 종종 수거를 거부하고 있고 주민센터가 멀 경우엔 대충 일반쓰레기로 버리는 문제가 있다고 해. 제약회사와 정부가 처리 방법을 결정해야 한다고 생각해. 제약회사가 수거할 방법을 마련하도록 정부가 요구해야겠지. 기업이 생산과 판매에만 관심을 가질 게 아니라 폐기에 대한 책임도 함께 지려면 결국 정부가 기업들을 제대로 관리 감독해야 해. 그리고 정부가 그런 업무를 제대로 하는지 시민들이 끈질기게 지켜보면서 요구해야 하고 말이야.

음식물쓰레기

음식물쓰레기는 단독주택이냐 공동주택이냐에 따라, 또 지역에 따라 배출 방식이 조금씩 달라. 이미 RFID[**] 인식용 카드를 사용하는 음식물 수거 기계가 설치돼 있는 아파트도 꽤 있어. 전용 카드를 기계에 대면 뚜껑이 열리고, 음식물쓰레기를 버린 후에 다시 카드를 대면 뚜껑이 닫히면서 몇 동 몇 호 무게는 몇 그램이라는 음성이 나와. 각 가정에서 버린 음식물쓰레기 무게에 따라 달마다 관리비에 처리 비용이 포함돼 부과되지. 단독주택 등에서는 비닐로 만든 음식물쓰레기 전용 종량제 봉투나 통에 담아 배출하는데, 비닐 사용을 다른 방식으로 바꾸었으면 좋겠어.

이렇게 배출한 음식물쓰레기는 퇴비나 동물 사료로 활용하고 음식물에서 발생하는 메탄은 에너지로 사용해. 음식물쓰레기에 다른 이물질이 섞여 들어가지 않도록 주의해야 하는 이유야. 동물이 먹을 수 있다는 가능성을 늘 생각하고 음식물쓰레기를 관리하면 좋겠어. 양파, 마늘, 옥수수, 견과류 등의 껍질, 파 뿌리, 고추씨, 복숭아 같은 과일의 씨앗, 생선 뼈, 달걀 껍질이나 조개 껍질류, 비닐봉지나 이쑤시개는 사료를 만

● 폐의약품을 배출할 때 알약은 포장지와 알약을 분리해서, 가루약은 포장한 채로, 물약은 한 통에 모아서 가지고 가면 된다.
●● Radio Frequency Identification. 전파를 이용해 먼 거리에서 대상의 정보를 인식하는 기술이다. 무선인식이라고 한다.

드는 데 적합하지 않으니까 일반쓰레기로 배출해야 해.

음식물쓰레기는 나름 활용이 되는 것 같아서 마음이 덜 무겁니? 그런데 음식물이 쓰레기가 되는 게 맞는 걸까? 열대 우림을 밀어내고 생산한 팜유로 튀긴 음식들, 겨우내 화석 연료를 태우며 따뜻한 비닐하우스 안에서 길러진 채소, 지하수를 끌어올려 농사를 짓느라 지역민들은 급수차로 물을 공급받으며 길러진 아보카도, 해양 생태계가 망가질 만큼 크고 촘촘한 그물로 잡아들인 생선, 열악한 공장식 축사에서 길러진 고기, 이런 음식을 기르고 유통하느라 들어간 에너지며 배출한 온실가스며, 누군가는 땀 흘리며 거둔 음식을 한순간에 쓰레기로 만든다는 사실을 떠올리면 죄책감이 물밀 듯 밀려오지 않니? 그러니 사료로, 퇴비로, 바이오 에너지로 쓰이니 괜찮다고 생각하면 안 될 것 같아. 전 세계 먹을거리의 3분의 1은 소비에 이르기 전에 버려진다는 사실을 기억해야 해. 먹히지도 않고 이토록 많이 버려지는 한편에서 세계 8억 명 이상의 인구는 기아로 고통받고 있다는 사실 또한 기억해야겠지.

재사용, 재활용

2019년 환경부 자료에 따르면 재활용 가능한 쓰레기는 하루 생활쓰레기의 24퍼센트가 넘고(무게 기준), 이 가운데 4분의 1이 플라스틱이야. 생수병 같은 페트는 재활용될 거니까 좀 소비해도 마음이 덜 무겁지? 더구나 최근에는 라벨 없는 생수병이 친환경이란 이름으로 등장했고, 폐플라스틱으로 옷도 만든다니 얼마든 써도 괜찮은 거 아니냐는 생각이 들기도 할 거야. 과연 그럴까?

재활용은 엄밀히 구분하면 재사용과 재활용으로 나눌 수 있어. 재사용은 물건을 거의 그대로 다시 사용하는 것을 말하는데, 가장 바람직한 순환이야. 가령 빈 병 보증금이 붙은 병은 세척 과정을 거쳐 그 병을 그대로 사용하거든. 맥주병이나 소주병은 이미 오래전부터 재사용하고 있어.

맥주병과 소주병을 보면 어느 회사에서 만든 것이냐에 상관없이 같은 색깔과 모양이야. 왜 그럴까? 만약 병 모양이나 색깔이 다르면 회사마다 구분해서 빈 병을 회수하느라 비용이 더 들어갈 뿐만 아니라 재사용의 의미가 퇴색할 거야. 자원 낭비에 탄소 배출까지 증가하게 되지. 2009년에 소주 회사들은 환경부와 함께 '소주병 공용화 자발적 협약'을 맺었거든. 말이 좀 어려운데, 간단히 얘기하면 모양과 색깔이 같은 병을 함께 사용하자는 협약이야. 환경을 보호하고 비용을 절감해서 소주병 재사용률을 높이기 위한 거였어. 모양과 색이 통일돼 있으니 소비자가 반납만 잘하면 재사용률이 높아지지.

그런데 한 소주 회사가 이 규칙을 깨고 투명 소주병을 시장에 내놨어. 재사용에 대한 고려보다는 자사 제품이 잘 팔리는 쪽을 선택한 이런 행보에 대해 너희는 어떻게 생각해? 만약 시민들이 이런 소주병을 문제 삼았다면 그래도 이 소주병이 계속 유통될까? 우리 사회가 제로웨이스트로 전환하기 위해 가장 민감해야 할 사람은 바로 시민이야.

중고 물품을 사용하는 것도 물론 재사용이지. 재사용의 핵심은 가능한 물건에 손상이 가지 않도록 사용하는 거야. 앞서 말한 가구나 전자제품들 그리고 입던 옷이 작아지거나 싫증이 나서 더 이상 입지 않을 때 누군가가 사용할 수 있도록 하는 게 재사용이고 자원 순환인 거지. 설령 물건에 손상이 좀 있더라도 수리나 수선해서 쓸 수 있다면 그 역시 재사용이야.

재활용은 크게 3가지로 물질 재활용, 화학 재활용, 에너지로 재활용하는 방법이 있어. 모두 에너지를 투입해서 새로운 제품(또는 에너지)을 만드는 자원 순환이지.

물질 재활용의 대표적인 게 생수병으로 옷을 만드는 거야. 사실 폴리에스터라 불리는 합성섬유는 페트와 재질이 같아. 그런데도 이런 재활용은 친환경으로 불려서 자칫하면 페트 사용에 면죄부를 줄 수도 있어. 소비를 최소화하고도 나오는 폐기물을 재활용할 방법을 찾아야 진정한 제로웨이스트라 할 수 있겠지.

화학적 재활용은 아직 우리나라에는 상용화되지 않아. 플라스틱에서 석유를 뽑는 건데 석유를 뽑아내느라 들어가는 비용 대비 과연 바람직한 방향인지, 기술은 어느 정도 개발이 되었는지 등을 체크해 볼 필요가 있지.

에너지로 재활용하는 사례는 고형폐기물연료SRF, Solid Refuse Fuel를 만들어 발전소의 연료로 쓰는 게 대표적인 사례야. 이런 연료를 사용하는 발전소를 SRF발전소라고 해. 폐기물의 많은 비중을 차지하는 게 플라스틱이다 보니 원료가 원유인 플라스틱이 연료로 쓰일 수 있다는 데서 착안한 재활용 방법이야.

재활용은 횟수도 중요해. 연료로 쓰이거나 폐페트로 섬유를 만들면 한 번 재활용하고는 폐기되는데 과연 이런 걸 지속 가능한 자원 순환이라 할 수 있을까?

재활용으로 분리배출했다고 모두 재활용이 되는 건 아니야. 그렇지만 "플라스틱, 비닐, 스티로폼을 열심히 분리배출해 봤자 가져갈 때 다 섞이더라. 그러니 소용없는 짓이다"라고 말하는 사람들을 종종 보는데, 그건 정말 큰 오해야. 재활용품으로 배출된 것은 선별장을 거쳐야만 해. 왜냐하면 배출하는 사람이 아무리 열심히 그리고 깨끗이 배출했다고 해도 대부분 플라스틱이 재질별로 배출되지 않고, 복합 재질이 섞였을 수도 있고, 오염원이 완전히 제거되지 않은 경우도 있기 때문이야. 재활용품을 실은 수거차가 선별장으로 들어오고 컨베이어 벨트 위에 싣고 온 물건이 쏟아지면 노동자들의 손길이 바빠져. 각 품목별로 나누어져 자신이 선별하는 것만 집어내는 작업을 해. 가령 '비닐 담당, 폐지 담당, 섬유 담당,

백색 유리 담당, 갈색 유리 담당' 하는 식으로 말이야. 플라스틱은 자동 선별기가 재질별로 분류를 해. 그래서 가정에서 재활용을 따로 모아 분리배출할 때 명심해야 할 게 '비행분섞'이야. 비우고, 헹구고, 분리하고, 섞지 않은 상태로 깨끗하게 배출해야 하지.

이 가운데 특히나 '비행' 그러니까 비우고 헹구는 과정이 중요해. 사용한 후 깨끗이 헹구기만 해도 에너지를 아낄 수 있어. 말라붙은 오염물은 헹궈도 잘 떨어지지 않아 결국 재활용을 못하고 일반쓰레기가 되거든. 일본은 각 가정에서 재활용 폐기물을 한 번 헹궈서 배출하는 게 생활화돼 있어서 선별 과정에서 세척을 다섯 번 정도 한다는데, 우리나라는 아홉 번을 세척해도 부족할 때가 있대. 여름에는 들러붙은 오염물 등에서 나는 냄새로 작업 공간이 숨조차 제대로 쉴 수 없는 환경이야. '비행'만 제대로 해도 선별장의 악취를 줄일 수 있고 선별장에서 일하는 노동자들의 손톱에 끼는 곰팡이를 방지할 수 있을 거야. 우리를 대신해 궂은일을 하는 이들에 대한 고마움과 자원을 제대로 순환시킨다는 차원에서 '비행분섞'을 잘하는 청소년이 되었으면 정말 좋겠어!

4장

줄이는 건 가능할까?

버리지 말고 계속 살아남게 해 줘!

고쳐 쓰는 문화, 쓰고 버리는 문화

> 이십여 년 전만 해도 동네에는 전파사와 철물점이 편의점처럼 흔했어. 요새 편의점 없는 동네가 없듯이 당시엔 전파사와 철물점이 어느 동네고 있었거든. 전파사는 우주와 교신하는 전파를 쏘는 곳이 아니라 전자제품을 수리하는 곳이었어. 생각해 보니 수리점이라는 표현이 더 적절할 것 같아. 바깥에서 보면 가게라기보다는 잡동사니를 쌓아둔 창고 같았지. 그렇지만 고장 난 라디오며 전기밥솥이 그곳엘 다녀오면 마법처럼 멀쩡해지곤 했어. 어느 순간부터 전파사 사장님의 손이 대단해 보였지.

한번은 선풍기가 고장 나서 가져갔는데 전파사 사장님이 부품이 잔뜩 쌓인 곳에서 어떤 부품을 하나 골라 손을 보니까 팬이 돌아가는 거야. 새 물건을 샀을 때보다 더 신기하고 반가웠어. 고물로 버릴 뻔했던 선풍기가 다시 살아난 거니까. 선풍기를 그 후로 족히 십 년은 훌쩍 넘겨 사용하면서 여름만 되면 그 전파사 사장님을 떠올리곤 했어. 약간의 부품을 손보고 다시 사용한 거니까 선풍기를 재사용한 셈이야. 철물점은 집 안에 망가진 곳, 고장 난 것을 고칠 때 필요한 부품을 파는 가게였어. 그땐 다들 그렇게 물건도, 집도 고치고 수리하면서 살았던 것 같아. 요새는 전파사고 철물점이고 찾아보기가 힘들어졌지만.

우리는 국민 소득 3만 달러 시대에 살고 있어. 기본 생활수준이 올라가니까 낡으면 고치는 게 아니라 어느새 새로 살 물건을 고르고 있지. 광고를 통해 수많은 제품을 봐온 터라 새 물건을 사고 싶은 마음에 수리해서 쓰려는 생각은 애당초 선택지에서 사라졌어. 자고 일어나면 새록새록 편리하고 좋은 물건들이 쏟아져 나오잖아. 이렇게 누구도 눈치 채지 못한 채 소비문화에 젖어들게 된 거지.

물건 값이 싼 것도 쓰고 버리는 문화로 옮겨가게 만든 하나의 원인이야. 지금은 스트레스를 풀려고 옷을 살 만큼 옷값이 싸졌어. 옷값이 싸다 보니 한 철 입고 버리는 옷이 돼 버렸고 말이야. 물건 값이 저렴할 수 있는 여러 이유 중에는 저소득국가 노동자들의 저렴한 노동력도 일조했어. 유명 스포츠 운동화를 만드는 어느 베트남 노동자는 한 달에 1200켤레의 운동화를 만들면서도 월급으로 그 운동화 한 켤레를 살 수 없다고 해.

저소득 국가에서는 원료를 채굴하는 비용도 마찬가지로 저렴해. 만약 채굴하는 곳의 생태계를 망가뜨린 대가를 충분히 지불하고 원료를 사용해야 한다면 과연 이토록 많은 자원을

채굴할 수 있을까? 자원 채굴로 망가진 환경 때문에 가난에서 벗어날 수 없게 된 저소득 국가의 지역 주민들에게 적절한 보상을 제대로 해 준다면 이토록이나 많은 물건을 만드는 일이 가능할까? 인간의 언어로 도저히 표현할 수 없는 수많은 생물과 저소득 국가 지역 주민들의 고통이 빛나는 상품들 뒤에 가려져 있어.

이게 끝이 아니야. 소비하고 남은 폐기물은 다시 저소득 국가로 떠넘겨지고 있거든. 쓰고 버리는 문화는 단지 물건을 만드는 저소득 국가나 자원을 채굴하는 곳만의 고통으로 끝나지 않아. 채굴, 자원 운송, 생산, 제품 유통, 소비, 그리고 폐기로 이어진 선형 구조의 끝자락에 남겨지는 쓰레기뿐만 아니라 각 과정에서 발생하는 온실가스로 지구는 인류가 거주하기에 어려운 상황으로 치닫고 있지.

설령 물건 값이 비싸더라도 신용카드라고 하는 요술 방망이가 소비를 부추기고 있어. 당장 돈이 없어도 빚을 지고 물건을 사는 게 신용카드니까. 그렇게 소비와 쓰레기는 날로 늘어나지. 이런 소비문화가 생겨난 배경을 알아야 제로웨이스트의 삶이 왜 선택이 아닌 필수일 수밖에 없는지 좀 더 확실하게 이해할 수 있을 거야.

제로웨이스트의 출발은 쓰레기를 과감히 줄이는 데서 시작하는데, 나름의 원칙이 있어. 원칙에는 3R도 있고, 5R도 있지. 줄이고^{Reduce}, 재사용^{Reuse}하고, 재활용^{Recycle}하자는 단어의 앞 글자를 따서 3R이라고 해. 쓰레기를 줄이려면 무엇보다 물건 구입하는 걸 줄여야겠지. 고장 난 물건을 고쳐 쓰고 수리해서 재사용하며 오래오래 쓰다가 더 사용할 수 없을 때 폐기가 아니라 재활용을 하자는 거야. 5R은 3R에 거절^{Refuse}하기와 썩히기^{Rot}가 더해진 거야.

'거절'이라니 뭘 거절하라는 걸까? 쓰레기 거절? 맞아! 필요하지 않은데도 누군가가 주는 물건을 받기 전에 생각해 봐야 할 것 같아. 사용할 것 같지 않은 물건, 어딘가 처박아둘 것 같은 물건, 결국 쓰레기가 될 물건이라면 거절하자는 거야. 특히 텀블러나 에코백처럼 친환경이라는 이름으로, 또 사은품으로 받은 것들이 찾아보면 꽤 많을 거야. 나에게 이미 충분히 있어서 더는 필요하지 않다면 공짜라도 '쿨'하게 거절하는 용기를 내자는 거지.

또 하나, '썩히기'는 어쩔 수 없이 남겨진 음식물쓰레기를 집에서 썩혀 퇴비로 만들자는 건데, 우리나라는 아파트에서 생활하는 인구가 많기 때문에 사실 쉽지 않아. 그렇지만 아예 불가능한 건 아니야. 우리 집에는 지렁이 사육 상자가 2개 있어. 크진 않지만 과일이나 채소를 다듬는 과정에서 나오는 폐기물 가운데 일부를 지렁이가 먹어 치우지. 지렁이가 많을수록 음식물을 분해하는 속도가 빠를 텐데, 아파트에 살다 보니 사육 상자가 크지 않아. 지렁이는 과일이나 채소의 껍질, 뿌리 부분을 먹고 분변토라 부르는 지렁이 똥을 누는데, 이 분변토가 토양을 기름지게 해. 우리 집에서는 지렁이 사육 상자에 있는 분변토가 좀 많아진다 싶으면 화분 흙으로 사용해. 화초에 거름으로 활용하는 거지.

지렁이가 뱀과 비슷해서 징그럽다고 하는 사람들도 있는데, 충분히 그럴 수 있다고 생각해. 그런데 지렁이는 생태계에 더없이 소중한 동물이야. 숲에 가면 나는 향긋한 흙냄새를 기억하니? 지렁이 사육 상자를 열면 바로 그 숲 냄새가 나. 흙 속에 사는 방선균이라는 미생물 냄새인데, 방선균은 일반 미생물이 분해하기 어려운 물질을 분해하는 능력이 있고 병원균을 사멸시키는 능력도 있대. 흙냄새를 진하게 느낄 수 있다면 방선균이 살아 있다는 증거야. 우리 식구들은 지렁이 상자를 '집 안에 들여놓은 한 조각 숲'이라고 불러.

집에 지렁이 사육 상자를 하나쯤 들여놓을까 하는 생각이든다면 실행에 옮겨 보면 좋겠어! 이웃들과 공동으로 사육 상자를 만들어서 함께 관리해도 좋아. 과일이나 채소의 폐기물을 음식물쓰레기로 배출하면 그걸 처리하느라 비용과 에너지가 들고 온실가스도 배출되지만, 지렁이는 무료로 폐기물을 분해해서 분변토를 만들어 내니 일석이조야! 아파트 화단이나 옥상에 텃밭을 만들어 지렁이가 생산한 흙을 천연 비료로 써도 좋지. 썩는다고 하면 곰팡이, 악취가 먼저 떠오르지만 향긋한 냄새가 나면서 썩는 것도 있다는 거, 기억해 줘.

재활용의 원칙 5R에 2가지만 더 추가할게. 하나는 폐기물을 되살려 무언가를 만들 때 그것이 우리 삶에 꼭 '필요한 Required' 것이어야 한다는 거야. 꼭 필요한 게 아닌 어떤 것을 만드는 건 진정한 재활용이 아니야. 업사이클링을 한다며 굳이 없어도 될 물건을 만드는 일은 그런 점에서 다시 생각해 볼 필요가 있을 것 같아. 제로웨이스트의 기본 원칙은 꼭 필요한 걸 소비하자는 거니까. 다른 하나는 재활용을 생각하기 이전에 소비하려는 '욕구를 줄여야 Reduce' 한다는 거야. 재활용이 되기 때문에 맘 놓고 쓰는 게 아니라 꼭 필요한 소비만 하자는 거지. 이렇게 7R을 제로웨이스트의 원칙으로 잘 기억해 주었으면 해.

교과서를 공동으로 사용한다면

가방을 한 번 더 쏟아 볼까? 교과서가 가장 먼저 눈에 들어오네. 2017년 기준으로 우리나라 한 해 종이 소비량은 991만 톤쯤 되는데, 나무 2억 4천만 그루를 베어야 만들 수 있는 양이야. 그렇다고 종이를 사용하지 않을 수는 없으니 재생 종이를 사용하는 게 좋지. 종이를 제작할 때 사용한 종이를 되살려 만든 종이가 대략 40퍼센트 넘게 들어가면 재생 종이라고 해. 종이를 쓰레기로 버리지 않고 되살려 종이로 만드니까 나무를 새로 베지 않아도 되지. 전 세계에서 종이를 만드느라 2초마다 축구장 정도의 숲이 사라지고 있거든. 재생 종이를 사용한다는 것은 숲을 지키는 일이고, 숲은 이산화탄소를 흡수하니까 기후 위기를 막는 길이기도 해.

2010년부터 우리나라는 중고등학교 교과서를 재생 종이로 만드는데, 초등학교 교과서는 아직 아니야. 한때 재생 종이는 폐지로 만드니까 뭔가 위생적이지 못하고 유해성이 있을 거라는 막연한 편견 때문에 학생들의 건강에 문제가 될 수도 있다는 논란이 있었어. 1990년대 말부터 재생 종이로 만든 교과서를 추진하자는 의견이 꾸준히 제기됐지만 유해성 논란이 늘 걸림돌이었지. 그러다가 2009년 교육과학기술부가 진행한 정책 연구 결과, 유해성 문제가 없는 것으로 판명이 났어. 학부모 단체가 자체 실시한 검사 결과도 마찬가지로 유해성 문제가 없었지.

재생 종이와 일반 종이는 품질 면에서도 거의 차이가 없어. 그런데도 무슨 영문인지 초등 교과서는 여전히 재생 종이로 만들지 못하고 있지. 재생 종이는 일반 종이에 비해 가벼운데, 초등학교 교과서를 만드는 종이는 돌가루가 섞인 고급 종이여서 무겁기까지 해. 재생 종이에 대한 정확한 이해가 필요한 지점인 것 같지?

교과서를 일 년 사용하고 난 후에는 어떻게 하니? 제대로 펼쳐 보지도 않아 새것 같은 교과서를 버렸던 기억이 있니? 교과서를 1인당 한 권씩 가질 필요가 있을까 싶은 과목도 있어. 가령 음악 교과서는 음악실에서 주로 수업을 받으니까 교과서는 한 학급 학생 수에 해당하는 권수만 음악실에 두고 한 학년이 공동으로 사용하는 건 어떨까? 체육 교과서도 이론 시험 때 외에는 잘 안 보잖아? 공동으로 사용하는 교과서는 서로 깨끗이 사용하고 낡은 교과서만 해마다 새 책으로 보충하는 건 어때? 자연스레 공공재를 소중하게 다루는 법, 물건의 소중함과 물건을 아끼는 마음도 기를 수 있고, 쓰레기마저 줄일 수 있으니 이보다 더 좋을 수 있을까? 무엇보다 숲을 지킬 수 있잖아.

호그와트의 금지된 숲을 알고 있니? 1997년 세상에 나온 '해리포터' 시리즈는 전 세계 200개가 넘는 나라에서 80개 언어로 번역되어 출간되었고 5억 권 이상 팔린 책이야. 그렇다면 이토록 많은 책을 만드느라 종이는 얼마나 사용했을까? 그 종이를 만드느라 숲은 또 얼마나 많이 사라졌을까? 금지된 숲도 사라지진 않았을까? 그건 판타지 공간에 있는 숲이니 사라질 리 없다고? 아무튼 이야기에 숲이 등장하면서 숲을 없애는 일을 한다면 작가로서도 기분이 유쾌할 것 같진 않아. 그런데 이런 생각을 나만 했던 게 아니었어. 작가인 조앤 K. 롤링은 해리포터 시리즈 7권을 내면서 그 책만큼은 재생 종이로 만들면 좋겠다고 출판사에 제안했대. 출판사와 이견이 생겼지만 독자들이 요구해서 결국 재생 종이로 출간했어. 7권을 1200만 권 출간하면서 이 가운데 30퍼센트는 재생 종이로, 65퍼센트는 친환경 종이로, 그리고 특별 한정판 10만 권은 100퍼센트 재생 종이를 사용해서 책을 만들었어. 특별판을 만들면서 필요한 에너지는 풍력발전으로 생산한 재생에너지를 사용했다니 더 의미가 있지? 이렇게 재생 종이와 친환경 에너지로 책을 펴내면서 경복궁의 20배나 되는 숲을 지킬 수 있었어.

종이를 만들려면 나무뿐만 아니라 물, 에너지, 화학 약품도 필요해. 재생 종이 사용으로 올림픽 수영 경기장을 꽉 채울 수 있는 물의 218배에 해당하는 물을 절약했고 230대가 넘는 차가 1년 동안 배출하는 이산화탄소를 줄일 수 있었대. 2007년, 우리나라에서도 해리포터 7권이 재생 종이로 출간되었어. 해리 포터 책을 재생 종이로 출간하게 만든 가장 중요한 역할도 역시 독자였어. 시민 한 명 한 명의 역할이 변화의 물꼬를 트는 데 얼마나 중요한지 느껴지니?

참고서나 일반 책 가운데에 재생 종이를 사용했는지, 표지를 코팅했는지, 책에 광고용 띠지를 두르고 있는지를 살펴서 출판사에 친환경 책을 요구해야 해. 재생 종이로 만든 책은 네모 모양 화살표 그림의 출판 마크가 있어. 변화는 이렇게 사소하게 보이는 것에서 시작하거든. 그러니 사소한 건 절대 사소한 게 아니고 작은 실천은 결코 작지 않아.

재생종이로 만든 책

노트도 종이로 만들지. 스프링 노트나 겉장이 코팅 종이로 된 노트는 모두 재활용이 안 되니까 미리 제거하고 배출해야 해. 종이를 찢어 봐서 쉽게 찢어지지 않고 비닐이 보이면 코팅된 거야. 학원 교재 중에 플라스틱 표지에 스프링으로 제본한 거 있잖아. 그런 것들은 일일이 다 분해해서 제거하고 배출해야 하거든. 남겨진 스프링이나 코팅지, 플라스틱 표지는 일반쓰레기로 버려야 해. 너무 번거롭고 게다가 낭비지? 제로웨이스트를 위해 스프링 제본이나 플라스틱 겉장 제본은 하지 말아 달라고 학원 등에 건의하는 용기도 내보기로 해.

아, 스프링 하니까 탁상 달력 스프링도 생각나네. 새해가 되면 달력을 바꾸잖아. 탁상 달력은 적어도 3가지 재질로 만들어. 빳빳하게 세울 수 있는 두꺼운 판지와 속지인 고급 종이, 그리고 철로 만든 스프링. 3가지 종류를 다 분리해서 배출해야 재활용이 가능해. 그런데 꼭 이런 달력이 필요할까? 달력을 돈 주고 사는 사람도 있겠지만 사은품으로 또는 은행이나 기업에서 홍보용으로 받는 경우가 많을 거야. 그러니까 주지도, 받지도 않는다면 얼마나 많은 종이가 절약될까? 요즘은 스마트폰에 다이어리가 내장돼 있어서 없어도 불편할 것 같지 않은데 말이야.

영수증은 안 받을게요

택배 박스에 붙은 운송장과 테이프를 떼는 건 다들 잘하고 있지? 택배 박스는 주로 누런 골판지로 만드는데 누런 골판 지끼리 따로 모아 분리배출해야 해. 만약 누런 골판지에 흰색 종이가 섞여 들어가면 재활용 과정에서 얼룩덜룩해져서 재생 종이 품질이 떨어지거든. 하나 더, 미술 시간에 그림을 그린 종이는 물감이나 크레파스가 종이 재활용을 방해하기 때문에 일반쓰레기로 배출해야 해.

편의점이나 마트에서 물건을 사면 종이 영수증을 주는데, 솔직히 그거 자세히 읽어 보니? 대부분 받자마자 구기거나 찢어서 쓰레기통에 버릴 거야. 한 해에 발급되는 종이 영수증 이 우리나라에서만 128억 건이나 되는데, 이 종이를 만들려 면 나무 12만 그루를 베어야 하거든. 이때 배출되는 이산화탄 소가 대략 2만 2000톤이 넘는다고 해.

2022년 1월부터 정부는 마트에서 종이 영수증 대신 전자 영수증을 받으면 현금을 받을 수 있도록 제도를 보완했어. 2020년부터 종이 영수증을 전자 영수증으로 대체할 수 있도 록 했지만 변화가 미미하자 시민이 참여할 수 있도록 방법을 바꾼 거지. 종이 영수증 대신 전자 영수증을 사용하면 마트나 백화점에서는 한 번에 100원을 현금으로 돌려줘. 포장재 없 이 내용물만 파는 제로 상점을 이용하면 회당 2000원, 렌터 카로 전기차나 수소차를 빌리면 5000원을 돌려받을 수 있어.

1인당 일 년에 7만 원까지 돌려받을 수 있다고 하니 종이 영수증 소비가 줄어들 수 있을 것 같지? 더구나 종이 영수증에는 내분비계 교란 물질인 BPA(비스페놀A) 성분이 포함돼 있어. 가끔 BPA프리라고 적혀 있는 친환경 영수증도 있지만 노동환경건강연구소가 국내 관공서와 각종 프랜차이즈 업체 등에서 발행하는 영수증을 조사, 분석한 결과 86.3퍼센트의 영수증에서 BPS(비스페놀S) 검출이 늘었다고 해. BPS는 BPA와 유사한 화학 구조로 내분비계에 문제를 일으킬 수 있다며 국제적으로도 규제하는 추세야.

포장 방법을 고민해 주세요

우유팩은 종이로 만들긴 하지만 양면이 모두 비닐로 코팅돼 있어. 안쪽은 액체가 닿으니까 코팅한다지만 바깥쪽은 왜 코팅을 할까? 우유는 냉장 식품이잖아. 여름에 냉장고에서 꺼내 놓으면 바깥에 물방울이 맺히거든. 바깥 면을 보호하기 위해 코팅을 하는 거지. 이렇게 안팎이 비닐로 코팅된 우유팩을 종이와 같이 배출하면 폐지를 재활용하는 과정에 코팅된 비닐이 문제를 일으켜. 반드시 우유팩을 따로 분리배출해야 하는 까닭이야. 우유팩을 만드는 종이는 고급 펄프이기 때문에 고급 화장지로 재활용이 가능해. 그런데도 우유팩 재활용률은 현재 20퍼센트 정도인데, 종이랑 같이 배출하기 때문이야. 주민센터나 한살림 같은 생협, 제로웨이스트 가게 등에서 우유팩을 모으니까 참고하면 좋겠어.

원통형 감자칩 통도 종이로 만들었지만 종이로 배출하면 안 돼. 안쪽에 알루미늄이 붙어 있고 바닥은 철이야. 일반 폐지와 섞이면 재활용을 방해하는 골치 아픈 쓰레기지. 주스나 두유 같은 음료를 담는 멸균 팩도 마찬가지로 알루미늄이 섞여 있어서 따로 배출해야 해. 이런 걸 따로 모으는 분리배출 정거장이 마을 곳곳에 있다면 이미 멸균 팩을 재활용할 기술은 있으니까 재활용률을 끌어올릴 수 있겠지? 일자리가 사라진다고만 할 게 아니라 정부가 이런 쪽으로 관심을 가지면 좋겠어.

식품 포장재 안쪽이 은박지로 된 제품이 꽤 있어. 라면이 대표적이고 과자류 중에도 있는데, 이런 음식의 공통점은 기름에 튀겼다는 거야. 기름에 튀긴 음식은 산소와 접촉하면서 산패가 되거든. 그래서 음식물을 보존하기 위해 은박지로 안쪽을 코팅해. 이런 비닐류는 일반 비닐처럼 재활용으로 분리배출하면 돼. 다만 은박지가 재활용을 방해하는 요소가 되기도 하기 때문에 생산자가 은박지 필름의 역할은 하면서 재활용이 쉬운 포장재를 개발해야 해. 영국 포장재 회사 몬디^{Mondi}

는 네슬레, 펩시 같은 기업들과 함께 반려동물 사료 포장재를 재활용이 쉬운 단일 포장재로 만드는 방법을 연구 개발하고 있어. 엘렌 맥아더 재단이 지속가능한 순환 경제의 하나로 플라스틱을 순환시키고자 이런 연구를 진행하고 있대.

플라스틱 방앗간과 참새들

가방 속에 필통도 있겠지? 필통은 몇 개나 갖고 있니? 필통 재질은? 철, 플라스틱, 천으로 만든 것도 있고, 플라스틱과 천 등이 합쳐진 복합 재질로 만든 것도 있을 거야. 이런 것들은 버릴 때 모두 일반쓰레기로 버려야 해. 플라스틱 필통에 재활용 표시가 있어도 대개 복합 재질이라 재활용이 어려워. 앞으로는 어떤 물건을 구입하기 전에 나에게 꼭 필요한 물건인지 세 번 묻고, 새 물건이 아닌 중고는 없는지 확인하고, 그럼에도 필요하다면 나중에 그 물건이 재활용 가능한지도 살핀 다음에 구입하는 게 어떨까?

필통을 열면 그 안에 다양한 필기도구들이 있지. 볼펜은 모양도 디자인도 다양하지만 구조는 대개 플라스틱 몸통, 스프링과 볼펜심으로 되어 있어. 이것은 다 쓰고 나서 어떻게 버려야 할까? 몸체는 플라스틱으로, 스프링은 철이니까 고철류로 분리배출하면 될까? 정해진 규격은 없지만 대략 손바닥 정도보다 작은 물건은 재활용이 가능해도 선별장에서 일일이 선별할 수 없어. 그러니까 모두 일반쓰레기로 종량제 봉투에 버려야 해. 어릴 적 갖고 놀던 레고는 재활용이 잘 되는 ABS 계 플라스틱 수지로 만든 고급 재질인데도 크기가 작기 때문에 재활용이 어려워. 칫솔도 마찬가지야. 단지 작아서 재활용이 안 된다니 너무 아깝다는 생각이 들지 않니?

서울환경연합은 2020년 6월부터 플라스틱 방앗간을 운영하고 있어. 플라스틱 방앗간은 쌀을 찧어서 떡을 만드는 곳이 방앗간이라는 데 착안해서 재활용되지 않는 작은 크기의 폐플라스틱을 쓸모 있게 만드는 곳이야. 모인 플라스틱을 잘게 부순 다음 녹여서 치약짜개 등을 만드니까 쓰레기는 줄이고 필요한 물건을 만드는 플라스틱 방앗간은 자원 순환의 좋은 사례지. 방앗간에 플라스틱을 모아 가져오는 이들을 참새라고 불러. 참새는 방앗간을 그냥 지나치지 않겠지?

이렇게 자투리 플라스틱을 재활용하고 그에 필요한 정보를 처음 제공한 곳은 프레셔스 플라스틱Precious Plastic이라는 글로벌 커뮤니티야. 프레셔스 플라스틱은 플라스틱 가공 기계 도면을 오픈 소스로 제공하고 재료와 재활용 제품을 거래하면서 노하우를 공유해. 네덜란드 디자이너 데이브 하켄스가 2013년에 시작해서 2020년 기준, 전 세계 1천여 곳에서 8만여 명이 활동하고 있는 친환경 커뮤니티야.

우리나라에는 서울환경연합이 운영하는 '프레셔스 플라스틱 서울'이 있는데, 이 커뮤니티에서 모으는 플라스틱은 HDPE°와 PP°° 두 종류 재질로 만든 플라스틱 병뚜껑과 병목걸이만 모아. 이 두 재질이 일상에서 제일 많이 쓰이고 재활용할 때 유해 물질이 가장 덜 나오기 때문이라고 해. 만약 학교에서도 폐플라스틱을 줄이는 활동에 동참하고 싶다면 재질이 확실한 HDPE나 PP 재질의 플라스틱을 모아서 플라스틱 방앗간에 보내도 좋을 것 같아. '프레셔스 플라스틱 서울' 또는 '플라스틱 방앗간'을 검색하면 전국에 있는 플라스틱 방앗간 지도와 어떤 제품을 모으고, 어떤 제품으로 재활용하는지 등 관련 정보를 얻을 수 있으니 참고하면 될 것 같아.

페트병 생수는 이제 그만!

제로웨이스트의 기본은 플라스틱 '소비'를 줄이는 것부터

° 고밀도 폴리에틸렌(HDPE). 에틸렌을 중합하여 제조하는 합성수지로서 일상생활에서 많이 사용되는 대표적인 합성수지 제품. 충격에 강하며 내한성도 양호해서 각종 용기, 플라스틱 상자 등에 많이 사용한다.
°° PP 소재(Polypropylene). 폴리올레핀 계열에 속하는 결정성 플라스틱으로 프로펜의 촉매 중합에 의해 제조. 우수한 내화학성, 고순도, 낮은 수분 흡수율 및 우수한 전기 절연 특성이 있다.

시작해야 해. 국제 환경단체 연합인 '플라스틱으로부터 해방 #breakfreefromplastic'이 발간한 〈브랜드 감사 보고서 2020〉에 따르면 전 세계에서 주운 폐플라스틱 가운데 63퍼센트에서 제품 브랜드를 확인할 수 있었다고 해. 가장 많이 수거된 브랜드는 코카콜라 제품이었고, 뒤를 이어 펩시코와 네슬레가 최악의 플라스틱 오염 기업으로 1위부터 3위에 선정되었어. 음료수를 가장 많이 생산하는 기업들이 지구를 플라스틱 오염 행성으로 만들고 있다는 얘기지. 여름에 목이 말라 음료수를 사 먹게 된다면 과연 어떤 걸 선택해야 할지 신중해야겠지? 그럼 먹을 게 없다고? "그렇다면 물을 마시면 되지"라고 쓰고 보니까 생수 페트병에 대해서도 하고 싶은 이야기가 또 산더미처럼 쌓여 있네.

페트는 투명하고 기능성이 뛰어나서 포장재로 가장 많이 쓰이는 플라스틱이야. 우리나라에서 페트병의 사용량은 매년 폭발적으로 늘어나고 있어. 2003년에 연간 약 11만 톤이었던 페트병이 2019년에는 32만 톤으로 증가하는 통계가 말해 주지. 그럼 목이 마를 땐 어떡해야 할까? 음료수를 즐겨 마시는 건 설탕을 과다 섭취할 수 있어서 바람직한 방법은 아닌 것 같아. 만약 깨끗한 물을 마실 수 있는 음수대가 거리 곳곳에 설치돼 있다면 어떨까?

수돗물을 어떻게 믿고 마시냐고? 수돗물의 수질 검사는 지자체에서 하고, 생수의 수질은 생수 회사에서 관리하는데, 그렇다면 어떤 곳을 더 신뢰할 수 있을까? 생수를 생산하느라 과하게 지하수를 퍼 올리는 바람에 대수층이 고갈되는 것은 기후 위기 시대에 여러 가지로 문제가 돼. 그리고 무엇보다 물은 인권의 문제야. 깨끗하고 안전한 물은 누구나 당연히 누려야 할 권리니까.

미국 샌프란시스코의 중심가에 있는 한 공원에는 음수대가 있어서 산책이나 운동을 나온 시민들이 물병에 물을 담아 가는 모습을 심심찮게 볼 수 있어. 샌프란시스코 시는 2009년 글로벌 탭 프로젝트를 시작하면서 수돗물의 품질을 끌어올렸고, 시 행사에 병물 제공을 금지하는 등 수돗물 보급에 정성을 쏟고 있어. 서울시의 수돗물인 아리수는 세계에서도 품질 좋은 물로 인정받았지. 수돗물에 이물질이 섞여 들어가는 일이 발생하면서 사람들이 수돗물 자체를 불신하게 되는 일이 있었는데 그렇다고 병물이 대안일까? 더욱 엄격하게 관리하도록 요구하고 음수대 보급을 확대하는 것이 목마름을 해결하고 누구나 공평하게 물에 접근할 권리를 확보할 수 있는 가장 합리적인 대안이 아닐까?

2022년 서울시는 '오아시스 서울'이라는 재미난 사업을 시작했어. 서울 시내에 있는 베이커리, 식당 등 정수기가 설치된 가게와 협업을 맺고 시민들이 언제든 텀블러에 물을 보충할 수 있도록 한 게 '오아시스 서울'이거든. 별도로 음수대를 설치하는 것보다 비용과 시간을 줄이니 일석이조 아닐까? 더 많은 지역에 다양한 오아시스가 마련되면 좋겠어.

병물은 마개를 따는 순간부터 미세플라스틱에서 자유로울 수 없다는 것도 간과할 수 없는 문제야. 2022년 런던브루넬대학교 연구진의 발표에 따르면, 플라스틱 병에서 내용물에 침출되는 화학 물질이 무려 150가지나 되고, 그 중 18가지 화학 물질이 규정을 초과하는 수준이었다고 해. 또한 재활용 페트를 사용한 병이 새로운 페트보다 더 높은 농도의 화학 물질을 함유할 수 있다는 사실이 드러났어. 결국 페플라스틱을 줄이는 최선의 방법은 소비를 줄이는 거고, 일단 폐기한 빈 음료 용기는 안전하게 재활용될 수 있도록 생산자가 노력해야겠지.

신용카드에 보증금 제도가 있다면

너희 지갑에는 교통카드며 체크카드, 할인 카드 등 카드가 여러 장 있지? 하지만 사용하는 카드는 몇 장 안 될 거야. 안 쓰는 카드는 어떻게 하니? 개인 정보를 지우기 위해 가위로 잘라서 버리면 해결되는 걸까?

교통카드를 비롯한 신용카드는 2019년을 기준으로 우리나라에만 1억 500만 장이 발급돼 있대. 이 가운데 안 쓰는 카드를 잘라 종량제 봉투에 버렸다면 카드 조각만으로도 쓰레기가 꽤 될 것 같지 않니? 경제 활동 인구 1인당 약 3.8장을 갖고 있고, 이 가운데 교통카드는 1700만 장이 발급되었어. 우리나라가 18개 주요 국가 가운데 1인당 신용카드 사용이 가장 높다고 해. 2위인 캐나다가 1년에 평균 125회 쓰는 것과 대조적으로 우리나라는 208번을 사용한다는 연구 결과가 나왔어. 타의 추종을 불허하는 1위 카드 사용 국가지?

이 카드도 대부분 플라스틱으로 만들어. 한국소비자원 안전감시국 제품 안전팀이 2019년에 조사한 보고서에 따르면, 우리 손이 닿는 카드 겉면을 보호하려고 덧씌워진 비닐이 폴리염화비닐(이하 PVC)인데 프탈레이트계 가소제가 함유되어 있을 가능성이 높다고 해. 프탈레이트는 플라스틱을 부드럽게 하려고 사용하는 화학 첨가제야. 프탈레이트는 환경호르몬 추정 물질로 구분해서 현재는 사용이 금지되었거든. 대부분의 사람이 카드를 맨손으로 만지는데 정말 괜찮은 걸까?

최근 신용카드 회사들이 친환경 전략으로 나무 시트나 바이오 플라스틱 에코젠 필름을 부착해서 친환경 소재 카드라고 광고를 해. 플라스틱이 아닌 메탈로 카드를 만들기도 하고 말이야. 그런데 진정한 '친환경'이란 뭘까? 단지 필름을 친환경 소재로 만들면 친환경이라 할 수 있을까? 계속해서 재활용이나 재사용이 가능해야지, 몇 번 쓰고 쓰레기가 된다면 친환경이라 할 수 없겠지. 신용카드에는 IC칩, 마그네틱 선도 있어서 제대로 재활용하려면 이런 것들을 모두 제거해야 돼. 카드가 해마다 수백만에서 수천만 장 만들어지고 폐기되고 있는데 아직 실태조차 제대로 파악되고 있지 않은 실정이야.

그렇다면 이런 방법을 써 보면 어떨까? 카드를 발급하는 은행이나 카드회사에서 카드를 모으는 거야. 동네마다 있는 제로웨이스트 가게를 거점으로 모아도 좋을 것 같아. 주민센터가 동네마다 있으니 그곳에서 모아도 좋겠지. 사용하지 않는 카드를 반납하면 그냥 폐기하는 게 아니라 재활용이든 재사용이든 해야 해. 카드 회수율을 높이려면 카드에 보증금을 붙이거나 페이백 형태로 현금으로 돌려주는 방법도 생각해 볼 수 있어. 카드회사는 해마다 새로운 카드를 만드느라 비용을 들이며 쓰레기를 남길 게 아니라 기존의 카드를 회수해서 재활용할 방법을 찾으면 좋겠어. 카드를 사용하는 시민들이 나서서 요구하면 방법은 분명히 생길 거야.

비닐봉지 대체품은 없을까?

PVC 하니까 일상생활에서 많이 접하는 PVC랩이 생각나네. 집에서 쓰는 랩은 PE랩이어서 그나마 괜찮은데 배달 음식이나 마트의 과일이나 채소, 반찬, 고기 등을 포장해 놓는 랩은 대체로 PVC로 만든 랩이야. PVC랩은 플라스틱 재질 중에서도 최악이라고 할 만큼 아주 안 좋은 플라스틱이야. 무엇보다 재활용이 안 되고, 재활용 플라스틱에 섞여 들어가면 다른 플라스틱의 재활용까지 방해하지.

앞서 설명했듯이 PVC는 인체 유해성 논란도 있어. 환경단체는 PVC 원료가 발암 물질이고 첨가제 가운데 인체에 유해한 성분이 있다고 우려하고 있거든. 이런 이유로 2019년부터 환경부가 PVC를 포장재로 사용하는 걸 금지했는데 예외로 둔 게 있어. 의약품, 햄, 소시지류 일부와 마트에서 고기, 생선류를 포장할 때는 허용하기로 말이야. 재활용되는 대체 랩 (PE랩)을 개발해도 가격이 더 저렴한 PVC랩을 금지시키지 않고 있으니 PE랩이 잘 팔리지 않아.

소비자가 할 수 있는 가장 좋은 방법은 이용하는 마트에 PVC랩을 사용하지 말아 달라고 요청하는 거야. 알맹이만 팔라고 요구하는 거지. 개개인이 장을 보러 갈 때 장바구니와 담을 주머니나 그릇을 챙겨 가면 왜 랩이 필요하겠어? 우리 집에는 랩이 없어. 불편하지 않느냐고? 랩을 없애면 처음엔 당연히 불편해. 그런데 랩을 없앤 까닭이 불편을 감수하더라도 쓰레기를 줄이겠다는 의지의 실천이잖아. 그런 마음이 있으니까 금세 적응하게 돼. 부모님께 랩의 문제점에 대해 알려 드리고 PVC랩이 우리 사회에서 퇴출될 수 있도록 함께 노력해 보자.

 랩 하니까 비닐봉지가 생각나네. 비닐도 플라스틱이라는 건 알고 있지? 바닷속에 떠다니는 비닐봉지를 해파리로 오인하고 해양 생물이 먹었다가 목숨을 잃는다는 얘기를 들어 봤을 거야. 그런데 비닐봉지가 만들어지게 된 건 숲을 보호하기 위해서였다는 사실을 알고 있니? 1959년 스웨덴의 공학자 스텐 구스타프 툴린이 처음 비닐봉지를 궁리해 낸 사람이야. 비닐봉지가 본격적으로 쓰이기 시작한 건 1980년대부터였는데, 그전까지는 종이봉투를 사용했어. 그런데 종이봉투를 만드느라 수많은 나무가 베어져 나가니까 이 문제를 해결하려고 툴린이 비닐봉지라는 아이디어를 냈다고 해. 가볍고 오래가는 비닐봉지를 사람들이 몇 번이고 재사용한다면 종이봉투보다 훨씬 친환경일 거라고 생각했던 거지.

 1990년대부터 폐플라스틱이 해양을 오염시킨다는 보고가 나오면서 비닐봉지의 부작용이 부각되기 시작했어. 2002년

방글라데시는 세계 최초로 일회용 비닐봉지 사용을 국가 정책으로 금지했지. 비닐봉지가 하수 시설을 막아 큰 홍수가 발생한 적도 있을 만큼 비닐봉지 사용이 만연했었거든. 유럽보다 앞서 르완다, 케냐 등 아프리카의 많은 나라가 비닐봉지 사용을 법으로 금지하고 있다는 사실은 정말 뜻밖이었어. 아마도 비닐봉지로 인한 폐해를 숱하게 겪으면서 도달한 결론일 거야.

종이를 나무로 만드니 언뜻 친환경이라고 여기는 사람도 꽤 있겠지만, 종이를 만드는 과정을 살펴보면 친환경일 수 없어. 그렇다면 비닐봉지를 대체할 방법은 뭘까? '스스로 분해되어 자연으로 돌아갑니다' '100퍼센트 생분해성 수지로 제작' 등의 문구를 본 적 있을 거야. 생분해 플라스틱으로 비닐백을 만들어서 친환경이라고 설명하는 광고 문구인데, 생분해 플라스틱은 과연 친환경일까?

환경부는 2022년 1월 친환경 인증을 받은 PLA 생분해성 비닐에 대해 친환경 인증을 중지했어. 생분해 플라스틱은 식물로 만든 플라스틱이라서 자연계에서 박테리아 등의 유기물에 의해 분해될 수 있다고 알려져 있지만, 56~60℃에서 6개월 안에 90퍼센트 이상 분해되어야 진정한 생분해 플라스틱이거든. 그런데 자연 상태에서 이런 온도는 애당초 불가능해. 그래서 별도로 처리할 시설이 필요한데, 환경부가 친환경 인증을 취소한 이유는 바로 이러한 시설이 우리나라에 없기 때문이야.

비닐봉지를 사용한 지가 고작 40년 정도라면 그 이전엔 어떻게 살았을까? 어쩌면 그 시절 삶의 방식이 비닐 쓰레기를 줄이는 방법이 될 거야. 지금 가지고 있는 에코백을 오래도록 사용하고, 망가지면 고쳐 쓰는 거지. 마트에 갈 때는 비닐봉지를 대신할 가방, 주머니, 그릇을 들고 가면 되는 거고. 불편하다고? 그 불편한 게 싫어서 편하게 살려다 지금 우리가 쓰레기 문명을 만든 거고, 제로웨이스트의 삶을 고민하게 된 건데도?

화장품 용기는 예쁜 쓰레기

가방 안에 파우치 하나쯤은 가지고 있지 않니? 파우치는 사은품으로도 많이 받는 물건 중 하나야. 이제 더 이상 내게 필요 없는 파우치는 받지도 사지도 않겠다는 다짐이 필요할 것 같아. 아무리 예뻐도 언젠가는 쓰레기가 될 테니까.

파우치 안에는 여러 물건이 들어 있을 거야. 그 가운데 다양한 모양의 화장품도 보이네. 화장품 용기를 뒤집어 볼래? 거기 분리배출 표시♻가 보이지? 그 표시는 기업이 제품을 만들면서 자사 제품이 폐기물이 되면 재활용을 하겠다고 약속한 거고, 그래서 재활용할 때 들어갈 비용을 미리 물건 값에 붙인 거라고 앞에서 이야기했던 거 기억하지?

그런데 정말 화장품 용기는 재활용이 될까? 대답은, 아니오! 우리나라에서 생산되는 화장품 용기 중에 90퍼센트 이상이 재활용이 어렵다고 한국포장재재활용사업공제조합에서 발표했어. 왜 안 되는 걸까? 복합 재질로 만들어졌기 때문이야. 여러 재질이 섞이면 재활용을 방해해. 그래서 이런 제품들은 일반쓰레기로 배출해야 하는데, 이미 화장품 가격에 재활용 비용이 포함됐는데 종량제 봉투를 또 써야 하니 환경 오염은 말할 것도 없고 소비자는 비용을 필요 이상으로 지불하는 셈이야.

화장품 용기는 두께가 3센티미터나 될 정도로 과대 포장한 것도 많아. 한 언론사에서 안에 든 내용물의 무게와 빈 용기의 무게를 비교해 본 적이 있는데, 대부분이 내용물보다 용기의 무게가 더 무겁다는 결과가 나왔어. 화장품 용기만 문제가 아니야. 화장품을 사면 딸려오는 게 꽤 되지? 화장품을 덜어 내는 데 사용하는 주걱 모양의 스패츌러는 이미 집에 여러 개 있는 데다 크기도 작아서 분리배출해 봤자 어차피 재활용이 안 돼. 화장품 용기에 속 뚜껑이 있는 제품도 꽤 되지. 이런 게 정말 꼭 필요한 걸까?

화장품은 구입해서 사용하고 버리는 데까지 걸리는 시간이 3~6개월로 비교적 짧아서 다른 제품에 비해 더 많은 쓰레기가 발생할 수밖에 없어. 화장품 용기는 입구가 작아서 내부를 세척할 수도 없지. 그렇다면 화장품을 사용하는 한 제로웨이스트는 불가능한 걸까?

한 화장품 회사는 빈 용기를 판매점에서 모아 재활용하고 있어. 이런 시도는 폐기물에 대해 생산자가 책임지는 태도라고 생각해. 빈 용기를 수거하는 회사 제품을 사용하면 제로웨이스트가 가능하겠지? 재활용이 어려운 제품을 만드는 기업에게 재활용이 쉬운 용기, 또는 쓰레기를 최소화할 수 있는 용기로 바꿔 달라는 요구를 해 보는 건 어때? 방법은, 재활용이 안 되는 빈 용기나 자잘한 구성품으로 발생한 쓰레기들을 모아서 화장품 회사에 한꺼번에 보내는 거야. '재활용도 안 되는 이런 제품, 필요도 없는 이런 것들까지 만들어서 우리 미래를 쓰레기 세상으로 만들지 않았으면 좋겠다'고 손편지도 써서 함께 보내는 거지.

그리고 그런 행동을 사진으로 찍어서 페이스북이나 인스타그램 등 SNS에 올리면 다른 사람들에게도 긍정적인 자극이 될 거야. 혼자 하면 어렵지만 함께하면 즐겁게 할 수 있어. 폐기물을 책임지는 회사는 SNS 등에 널리 알려서 기업이 더 잘할 수 있도록 독려할 필요도 있어. 환경을 생각하는 회사 제품을 구입하는 건 제로웨이스트의 삶을 사는 사람으로서 기본이지. 그런 점에서 보다 많은 사람들과의 연대가 꼭 필요해. 이왕이면 같은 회사의 화장품을 이용하는 친구들과 빈 용기를 모으면 우편 비용을 줄일 수 있겠지?

화장품 용기는 예쁜 쓰레기라는 생각이 들 때가 많아. 2022년 2월 28일부터 '포장재 재활용 용이성 등급평가 기준' 개정안이 시행되고 있어. 생산자는 재활용이 가능한 정보를 등급으로 매겨서 평가하고 결과를 공개해야 해. 등급은 재활용 최우수, 우수, 보통, 어려움 이렇게 4가지로 나누는데, 이렇게 표시하게 되면 '재활용 어려움' 표시가 적힌 제품을 소비자들이 바로바로 확인할 수 있겠지? 그동안 분리배출 표시만 해놓고 재활용 책임을 회피하던 기업들은 이제 뿔난 소비자들로부터 불매不買라는 부메랑을 맞을지도 몰라. 이게 바로 제도가 필요한 까닭이야. 화장품을 살 때 일회용 샘플도 잔뜩 주는데, 이런 것부터 쿨하게 거절하는 실천도 필요하겠지?

화장품을 이야기하다 보니 샴푸가 생각나네. 빈 샴푸 통은 어떻게 버리니? 샴푸 통은 펌핑 용기가 대부분인데 사용은 편리하지만 펌프 내부에 있는 철 스프링이 재활용을 방해해.

샴푸의 펌핑 부분은 일반쓰레기로, 샴푸가 담겼던 몸통 내부는 깨끗이 헹궈서 배출해야 해. 물을 조금 부어서 흔들면 물 낭비를 최소화하면서 샴푸도 알뜰하게 쓸 수 있어. 내용물만 추가해서 사용하는 리필제품도 많이 나오고 최근에는 아예 폐플라스틱이 생기지 않도록 비누처럼 생긴 샴푸 바도 있어. 나도 샴푸 바를 사용한 지 좀 되는데, 은근 '미닝아웃Meaning Out'에 동참하는 기분이 들어 괜히 뿌듯하단다. 미닝아웃은 소비 행위를 통해 자신의 신념이나 가치관을 드러낸다는 뜻으로, 소비할 때 사회적 의미까지 고려한다는 점에서 바람직한 것 같아.

기업주님, 플라스틱세를 내세요

가방 앞주머니에 뭐가 들어 있는 것 같아서 보니까 껌이야. 그런데 알맹이는 없이 껌 포장재만 찌그러진 채 있어. 흔히들 이것을 플라스틱으로 배출하는데 PVC 재질이라 재활용이 안 되기도 하고, 크기가 작으니 일반쓰레기로 버려야 해.

건강을 위해서 먹는 비타민을 한번 살펴볼래? 알약 포장재는 알루미늄에 PVC로 돼 있는 게 많아. 한 일간지에서 시중에 판매 중인 비타민C 하나를 가져다 실험을 해 봤어. 제품 통째의 무게를 쟀더니 약 210g이었는데 포장재에서 알약만 분리해서 내용물 무게를 쟀더니 128g쯤 되었대. 결국 제품 무게의 40퍼센트가량이 재활용도 안 되는 쓰레기였던 거야. 건강을 위해 먹는 비타민이 지구 건강을 위협하고 결국 우리의 건강도 위협하는 꼴이잖아.

이렇게 재활용이 안 되는 플라스틱을 만들어 내는 기업에게 쓰레기를 처리할 때 들어가는 비용을 부담시켜야 하지 않을까? 이걸 '폐기물부담금'이라고 하는데, 유해 물질을 함유하고 있거나, 재활용이 어렵고 쓰레기를 관리하는 데 문제가 될 수 있는 제품을 생산하거나 수입하는 기업에게 부과하는 '플라스틱세'를 말하는 거야. 자동차를 소유하고 있는 사람이 내는 자동차세처럼. 현재 폐기물부담금은 일반용 플라스틱의 경우 1kg당 150원으로 모두 적용하고 있는데, 전문가들은 이 금액을 더 올릴 필요가 있다고 해. 부담금이 올라가면 기업들이 폐기물을 줄이려고 노력할 테니까 말이야.

코로나19 기간에는 손 소독을 하려고 일부러 물티슈를 가지고 다니는 친구들도 있더라. 물티슈는 거리에서 홍보용으로 많이 나눠주기도 해. 물티슈 재질은 면, 레이온, 레이온과 폴리에스터 혼방, 이렇게 세 종류가 있어. 면을 제외하고는 모두 플라스틱인데, 이런 물티슈를 변기에 버리면 하수 시설이 막혀 고장을 일으키기도 하지. 바다로 흘러간 이런 플라스틱은 결국 미세플라스틱이 돼. 그리고 여러 경로를 거쳐 결국 다시 우리에게로 돌아오지. 최근엔 물에 녹는 물티슈, 비데용 물티슈도 나오더라. 이렇게 되면 물에 녹는 것과 녹지 않는 물티슈의 구분이 모호해지면서 물티슈를 변기에 버리는 실수가 잦아질 수밖에 없어. 그러니 가능하면 물티슈를 사용하지 말아야 하고, 부득이 사용했을 땐 반드시 쓰레기통에 버리는 게 정답이야.

해양으로 흘러 들어가는 미세플라스틱 중에는 담배꽁초가 상당하지. 담배꽁초에 있는 필터는 담배 연기에 있는 오염 물질을 걸러 준다는 명분으로 홍보했는데, 이 필터가 바다로 흘러 들어가 해양 생태계뿐만 아니라 결국 우리 인간까지 병들게 해. 담배 필터는 셀룰로스아세테이트라는 재질의 플라스틱이야. 주위에 흡연하는 이들에게 꼭 일러줘. 제발 꽁초를 쓰레기통에 버리라고.

자동차 타이어도 바다로 흘러 들어가는 미세플라스틱 중 하나야. 자동차는 오염 물질과 온실가스 배출로 지탄을 받고 있어서 전기차를 대안으로 여기지만, 타이어에서 나오는 미세플라스틱에는 관심이 비교적 적은 것 같아. 자가용을 가능하면 덜 이용해야 하는 이유 중에는 미세플라스틱 문제도 있거든. 이렇게 하나하나 살펴보니 우리 생활의 거의 모든 곳에서 쓰레기는 쉼 없이 나오는 것 같지?

더 이상 새 옷을 사지 않겠어요

옷 이야기를 해 볼까? 패스트 패션으로 옷 소비가 증가하면서 생기는 가장 큰 문제는 의류 쓰레기야. 집집마다 옷장이 가장 큰 짐이고, 심지어 요즘은 옷방도 따로 있지. 글로벌 기후활동가 그레타 툰베리는 2021년에 성년을 맞이했는데 성인이 된 기념으로 "더 이상 새 옷은 사지 않겠다"라고 선언했어. 한창 패션에 관심 있고 예쁜 옷이 입고 싶을 나이인데 왜 새 옷을 사지 않겠다고 선언했을까?

툰베리는 옷이 필요하다면 지인들에게 입지 않는 옷을 얻어 입거나 중고 마켓에서 구할 거라고 했어. 의류 산업에서 나오는 온실가스가 지구 전체 온실가스의 무려 10퍼센트나 되고, 전 세계 폐수의 20퍼센트를 의류 산업에서 배출하고 있거든. 그녀가 이런 선언을 한 이유야. 중고 의류를 수입하는 저소득 국가는 넘쳐나는 중고 의류를 미처 처리하지 못해서 토양이며 강에 버리게 되어 결국 오염으로 인한 고통이 증가하고 있어. 의류 및 섬유 산업이 국제 항공과 해운을 합친 것보다 더 많은 탄소를 배출한다는 연구도 툰베리의 이런 선언을 뒷받침하고 있지.

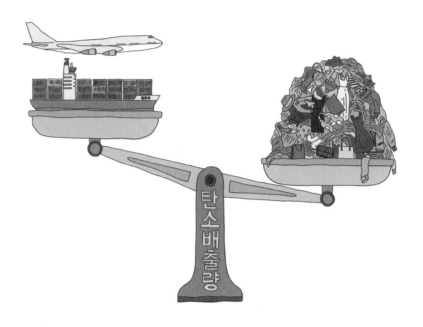

안 입는 옷은 누군가가 입을 수 있도록 중고 가게에 보내고 내게 필요한 옷 역시 중고 가게에서 구하면 새 옷을 사지 않아도 되니 의류 쓰레기를 줄일 수 있는 좋은 방법이야. 전국에 아름다운가게, 굿윌스토어, 마켓인유, 되살림가게 등 다양한 녹색가게가 있어. 생협인 한살림은 해마다 4월이면 중고 의류를 모으는 행사를 한 달 동안 해. '옷되살림' 캠페인인데, 이렇게 모은 옷을 되살려 판매한 금액으로 파키스탄 빈민가

아이들을 위한 학교를 지어. 쓰레기가 학교가 된다니 얼마나 따뜻한 되살림인지!

의류에서 발생하는 미세플라스틱도 문제야. 합성섬유는 플라스틱이다 보니 세탁할 때마다 미세플라스틱이 나오는데 정수 처리장에서도 걸러지지 않을 정도로 작아서 문제가 되고 있어. 미세플라스틱은 2010년대부터 연구가 본격적으로 시작되었고, 2014년 이후 유엔환경총회^{UNEA}에서 해양 폐플라스틱과 미세플라스틱에 관한 결의안을 채택하면서 주요 환경 문제로 논의되고 있어. 이미 에베레스트 정상부터 깊은 바닷속까지, 극지방과 심지어 공기 중에도 퍼져 있는 게 미세플라스틱이야. 최근엔 세탁으로 발생하는 미세플라스틱을 90퍼센트 이상 걸러 주는 필터가 개발되어 유럽, 미국 등에서 시판하고 있어. 프랑스는 2025년까지 모든 새 세탁기에 미세플라스틱 필터 장착을 의무화하기로 결정했어. 당장 미세플라스틱을 줄이려면 세탁 횟수를 가능한 줄이고, 세탁기에 빨랫감을 가득 채워서 세탁하고, 온수보다 냉수로 세탁해야 돼. 건조기에 빨래를 말리면 섬유 손상도 심해지고 미세플라스틱 발생도 증가하니까 사용하지 않는 게 좋아.

굿즈 말고, 환경 캠페인

케이팝^{K-POP} 팬이라면 방 어딘가에 앨범이나 굿즈가 쌓여 있을 텐데, 제로웨이스트로 살아 보려니까 이런 것들이 마음을 무겁게 하지. 사람들의 생각은 비슷한가 봐. 환경을 생각하는 국내외 케이팝 팬들이 2021년 3월에 모여서 기후행동 플랫폼인 '케이팝포플래닛'을 만들었어. 요즘은 노래를 듣기 위해서가 아니라 앨범 안에 있는 포토 카드, 팬 사인회 응모권 때문에 앨범을 여러 개 산다고 해.

앨범은 앞에서 '세상에서 가장 나쁜 플라스틱'이라고 말했던 PVC로 주로 포장돼 있고, 플라스틱과 코팅 종이로 만들어진 혼합 플라스틱 형태의 CD이다 보니 재활용도 제대로 안 되거든. 케이팝포플래닛은 엔터테인먼트사에 앨범이나 굿즈의 포장을 최소화하고, 디지털 앨범으로 발매하는 등의 친환경적인 방법으로 변화하길 요구하고 있어. 하지만 엔터테인먼트사의 반응이 아직까지는 미진한데, 그 이유가 앨범 판매량을 집계해서 인기 순위를 매기기 때문이래. 그렇다면 순위를 정하는 방식 또한 바꾸어야 하지 않을까?

케이팝포플래닛은 제로웨이스트로의 전환뿐만 아니라 기후행동도 하고 있어. BTS가 앨범 재킷을 촬영했던 강원도 삼척시 맹방해변에 들어서고 있는 석탄 화력 발전소 건설을 막기 위한 캠페인도 진행했지. BTS와 블랙핑크를 홍보대사로 임명한 인도네시아 전자상거래 기업 토코피디아에는 2030년까지 재생에너지를 100퍼센트 사용하라는 요구도 했어. 글로벌하게 영향력을 끼치고 있는 케이팝 가수의 팬들이 이렇게 친환경적인 캠페인을 펼치는 모습이 선한 영향력을 발휘해서 더 많은 시민이 환경 문제에 눈뜨게 된다면 얼마나 좋을까?

인간이 가장 많이 사용하는 물질 1위인 플라스틱의 종류는 수백 가지야. 그 가운데 가장 많이 사용하는 플라스틱 재질을 환경부는 HDPE, LDPE, PP, PS, PVC 그리고 나머지를 OTHER, 이렇게 6가지로 분류해. 그러니까 앞에 열거한 5가지를 제외한 모든 플라스틱이 OTHER가 되는 거야. OTHER에는 2가지 이상의 플라스틱으로 만든 복합 재질이거나, 종이나 금속 등이 코팅된 복합 재질도 포함돼. OTHER는 비록 분리배출 표시는 되어 있지만 재활용하기 어려우므로 선별장에서는 쓰레기로 처리가 되거든. 그래서 기업이 제품을 만들 때부터 재활용을 고려해야 한다는 거야.

스마트폰이 없는 세상을 상상해 본 적 있니? 아침에 눈 뜨면서부터 잠이 드는 순간까지 줄곧 함께하는 스마트폰이 사라진다는 것은 마치 친한 친구가 사라지는 것만큼이나 충격이고 허전할지도 몰라.

그런 스마트폰에 대해 얼마나 알고 있니? 스마트폰을 통해 세상과 소통하고 무수한 정보를 찾는 기능적인 것 말고, 스마트폰이 생산되는 전 과정LCA®에 대해서 말이야. 가령 필요한 광물의 개수, 그 광물은 어디서 구하는지, 제조 과정에서 얼마나 많은 에너지와 화학 물질과 물이 소비되는지, 새 스마트폰으로 바꾸면서 나를 떠난 낡은 스마트폰은 어디로 가서 어떻게 되는지 알고 있니?

폐스마트폰은 새로운 광맥

스마트폰 하나가 만들어지려면 필요한 광물이 적어도 40여 가지가 넘어. 그저 손바닥 정도 크기인 스마트폰에 이토록 많은 광물이 들어갈 거라고 대부분은 생각 못 해. 트럼프가 미국 대통령이던 당시 "그린란드를 사들이고 싶다"고 말한 적이 있는데, 이건 매우 의미심장한 발언이었어. 재생에너지, 전기차, 바이오 기술뿐만 아니라 인공지능, 로봇, 사물인터넷, 자율주행차, 3D프린팅, 퀀텀 컴퓨터에 이르기까지 관련 산업을 발전시키려면 어마어마한 희귀 금속이 필요해. 트럼프 전 대통령의 그 발언은 자원이 풍부한 땅, 그린란드를 사들이고 싶다는 이야기였던 거지. 한정된 자원을 놓고 이미 세계는 첨예한 갈등을 벌이고 있는데, 극단적인 상상이지만 자원 전쟁이 벌어지지 않는다고 그 누구도 장담할 수 없어.

전 세계가 기후 위기로 인한 파국을 막기 위해 지구 평균 기온 상승을 2℃보다 아래로, 가능하면 1.5℃로 억제하자고 약속한 게 파리 협정이야. 이 약속을 이행하려면 2050년까지 탄소 중립을 달성해야 하고, 그러기 위해 대안으로 나온 대표적인 2가지가 재생에너지와 전기차야.

그런데 이런 기술 혁명이 일어나기 위해서는 엄청난 금속 자원이 필요해. 재생에너지라고 하면 햇빛과 바람만으로 에너지가 저절로 생산될 거라 막연히 생각하지만, 엄청난 광물이 그 뒤를 받쳐 주고 있어. 미국 지질조사국USGS이 2016년에 발간한 〈2016 광물자원 개요Mineral Commodity Summaries〉를 살펴보

● Life Cycle Assement, 생애 주기 평가인데, 물건을 만들기 위해 원료 채굴부터 제조, 유통, 소비 그리고 폐기에 이르는 전 과정을 평가하는 걸 의미한다.

면 주요 금속인 금, 은, 철, 구리의 가채 연수*가 18년~38년 정도로, 아무리 길게 잡아도 2050년쯤엔 바닥을 드러낼 걸로 조사되었어. 2050년이면 너희는 몇 살이니? 배터리가 주요 부품인 전기차와 스마트폰에 꼭 필요한 코발트나 탄탈럼도 각각 57년, 83년이면 천연 채굴 물량은 동이 날 것으로 예측해. 결국 2100년이면 대부분의 지하자원이 사라진다는 거지. 대신 지구 전역에 쓰레기는 넘칠 테고 말이야. 제로웨이스트를 지금부터 서둘러야 하는 이유는 너무나 뚜렷하지?

자원 소비를 고려하지 않은 새로운 기술 개발은 인류의 삶을 나아진 방향으로 이끌 수가 없어. 그러니 새로운 자원 채굴이 아닌, 재사용하고 재활용하는 기술 개발이 선행되어야 해. 고장 난 제품을 버리기 전에 수리해 쓸 수 있는 시스템으로 바꿔야지. 그러기 위해서는 수리할 수 있는 권리가 법적으로 보장**이 되어야 할 것 같아. 오래도록 사용하는 게 재활용보다 더 중요하니까.

'도시 광산'이란 말을 처음 쓴 사람은 1980년대 일본 도호쿠대학교 선광제련연구소의 난조 미치오 교수였어. 이미 폐

• 어떤 자원의 확인 매장량, 채굴 가능한 양을 연간 생산량으로 나눈 것이다.
•• 정의당 강은미 의원실의 "수리할 권리법 제정을 위한 입법 공청회" 자료집 참고.

기된 전자 기기를 기계적·화학적 처리를 거쳐 희귀 금속들을 추출해 활용하는 걸 광산에서 광물을 캐는 것에 비유한 표현이야. 일본과 벨기에가 특히 도시 광산이 발전했는데, 일

본은 우리처럼 자원 빈국이었지만 지금은 아니라고 해. 2016년을 기준으로 일본의 도시 광산에는 금과 은이 세계 매장량의 16.4퍼센트, 22.4퍼센트를 보유하고 있어. 2014년에만 금 143kg, 은 1566kg, 구리 700kg을 도시 광산에서 캤다고 해. 굉장하지? 자원 재활용을 강조하려고 영국은 2012년 런던올림픽 때, 일본은 2021년 도쿄올림픽 때 폐자원에서 추출한 금속으로 메달을 만들었어. 유엔이 2019년에 발간한 〈전자 폐기물 관련 보고서〉에 따르면 전자 폐기물 1톤에는 금광석 1톤보다 100배 더 많은 금이 들어 있어.

우리나라는 세계적인 금속 소비 국가인데도 천연 광석의 99.3퍼센트를 수입에 의존하고 있어. 전 세계 휴대폰 평균 교체 주기가 2.7년일 정도로 자주 바꾸지만 우리나라의 경우 재활용에 중요한 폐휴대폰이 개인 정보 유출 등의 이유로 구하기가 어렵고 중고 거래도 활발하지 않아 도시 광산이 생각만큼 잘 운영되지 않는다고 해. 가능하면 오래도록 사용하는 거야 당연한 얘기지만, 불가피하게 스마트폰을 교체해야 할 경우엔 쓰던 폰을 반드시 재활용 사이클로 들어갈 수 있도록 해야겠지. 전자 폐기물의 재활용이 2017년을 기준으로 독일은 83만 톤을 재활용했지만, 우리나라는 29만 톤에 불과했어. 두 나라 모두 부존자원이 부족하지만 자원을 재활용하는 방식에는 큰 차이가 느껴지지 않니?

폐휴대폰을 집에 보관하는 경우가 많은데, 한국전자제품자원순환공제조합KERC 같은 곳에 보내는 게 자원을 순환시키는 좋은 방법이야. '나눔폰'으로 검색하면 보다 자세한 정보를 찾을 수 있어. 이곳에 폐휴대폰을 착불로 보내면 개인 정보를 영구 삭제한 뒤 사용 가능한 자원을 추출해서 제조업체에 판매해. 판매 수익금은 어려운 사람들을 위한 복지기금으로 쓰인대. 개인에게는 필요 없는 폐휴대폰에서 추출한 자원을 순환시키니 좋고, 폐기물을 덜 만드니 좋고, 새로 채굴하지 않으니 생태계 파괴도 줄고, 무엇보다 그렇게 재활용한 자원으로 어려운 이웃을 도울 수 있다니 대체 일석 몇 조인지!

고철, 알루미늄 캔은 귀중한 자원

자원 이야기하니까 너희가 자주 찾는 캔 음료가 떠오르네. 예전에는 캔을 주로 철로 만들었는데 요즘은 대부분 알루미늄으로 바뀌었어. 우리나라에서 1년에 철 캔은 약 11만 톤, 알루미늄 캔은 약 9만 톤 사용하거든. 무게만 놓고 보면 철 캔을 많이 사용하는 것 같지만, 철 캔이 알루미늄 캔보다 훨씬 무거워. 실제로 알루미늄 캔을 철 캔보다 대략 3배 정도 많이 사용하고 있어. 재활용을 분리배출할 때 굳이 알루미늄과 철 캔을 구분할 필요는 없어. 선별장에서 자석을 이용하는데 철은 자석에 붙고 알루미늄은 안 붙으니까.

중요한 것은 캔에 플라스틱이나 이물질이 섞이지 않도록 하는 거야. 통조림 햄의 뚜껑이 플라스틱으로 되어 있는 경우엔 분리해서 배출해야겠지. 캔을 따기 쉽도록 붙어 있는 고리를 '캔 앤드'라고 하는데, 그건 굳이 뗄 필요 없이 같이 배출하면 돼. 집에서 사용하는 알루미늄 포일이나 알루미늄으로 만든 일회용 접시, 컵, 도시락 등은 선별장에서 쓰레기로 버려져. 너무 아까운 일이지. 이런 것 역시 모을 수 있는 거점을 만들어서 재활용 순환 고리로 들어갈 수 있도록 정부와 생산자에게 계속 요구해야 해.

생수병 대안으로 들고 다니는 텀블러는 어떻게 할까? 텀블러도 재질이 너무나 다양해. 겉은 플라스틱이고 안쪽은 금속인 것도 있고, 몸체를 전부 금속으로만 만든 것도 있고, 뚜껑이 금속인 것도 있고 플라스틱인 것도 있어. 게다가 겉에 화려하게 인쇄된 것은 아무리 금속이어도 재활용을 방해하지. 복합 재질은 재활용이 어려우니까 일반쓰레기로 버려야 하고, 단일 재질일 경우엔 재활용으로 분리배출하면 돼.

우리가 사용하는 물건의 분리배출 방법을 모두 설명하려면 아마 책이 수십 권 필요할 거야. 분리배출 방법을 알려 주는 사이트를 정부와 지자체에서 만들어 궁금한 사람들이 언제나 참고할 수 있도록 하는 일이 시급하지. 너희가 요구해 보면 어떨까? 일단 아쉬운 대로 '내 손 안의 분리배출'이나 '분리배출' 같은 앱이 있으니 참고하면 좋을 것 같아.

이왕이면 재생타이어!

아랍 에미리트 최대 도시인 두바이에는 자동차 무덤이 있어. 그것도 슈퍼 카라 불리는 고급 차들의 무덤이야. 거대한 주차장처럼 보이는 곳에 수천 대의 자동차들이 주차해 있는데 모두가 버려진 차량이야. 멀쩡한 차, 찌그러진 차, 뭉개진 차들이 바람이 실어 온 모래와 먼지를 잔뜩 뒤집어쓰고 있지. 두바이에는 해마다 2000~3000대의 자동차가 버려지고 있는데 다른 차를 사느라 버리기도 하고, 빚을 갚지 못해 도피하느라 차를 버리기도 한대. 세계 곳곳에는 다양한 물건의 무덤이 있어. 전화기 무덤, 택시 무덤, 변기 무덤, 전쟁이 끝난 뒤 버려진 무기들이 모여 있는 무기 무덤도 있지.

2020년 기준으로 전 세계 자동차 생산량은 7800만 대에 이르고, 수명이 다해 폐기되는 자동차는 연간 5000만 대로 추정하고 있어. 우리나라도 연간 400만 대 이상의 자동차를 생산하고, 80만 대 정도가 폐차되고 있지. 세계자원연구소[World]

Resource Institute는 2018년~2030년 사이에 전 세계 도시의 면적이 80퍼센트가량 늘어날 것으로 예상하고 있어. 2000년 기준 도시 면적의 3배에 해당하는 수치인데, 그 안을 채우게 될 인공물들은 또 얼마나 많이 늘어날까? 인공물이 늘어나는 만큼 폐기물도 함께 늘겠지.

도시를 채우는 건물 다음으로 많은 인공물이 자동차인데, 자동차가 만들어 내는 여러 폐기물 문제는 또 얼마나 증가할까? 자동차의 숫자가 줄면 폐기물의 양도 줄겠지. 자동차 부품이나 타이어를 재활용하는 것도 폐기물의 양을 줄이는 방법이야. 자동차 한 대에 2만 5000개가량 부품이 필요한데, 만약 폐차하는 자동차에서 부품을 회수해서 재사용 또는 재활용한다면 폐기물의 양을 줄일 수 있을 뿐만 아니라 자원 채굴도 줄어들겠지.

자동차 타이어는 소모품이라 주기적으로 교체해 줘야 하는데, 이때 재생타이어를 사용하면 새 타이어를 만들 때 필요한 원료가 석유는 30퍼센트, 고무는 50퍼센트만 필요하다고 해. 가격도 새 타이어에 비해 절반 수준이고, 폐기하면서 발생하는 매립이나 소각에 따른 문제도 줄어들지. 이런 이유로 미국에서는 상용차 2대 중 1대, 유럽이나 일본에서는 3대 중 1대가 이미 재생타이어를 사용할 정도로 반응이 좋은데도 우리나라에서는 중고니까 질이 좋지 않을 거라는 선입견이 있어 사용률이 낮아. 우리나라에서 만든 재생타이어는 세계적으로 뛰어난 성능이 검증되었지만 생산량의 80퍼센트 가까이를 해외로 수출하는 실정이야.

결국 제로웨이스트로 가는 길에 필수가 되어야 할 건 인식의 전환인 것 같지?

친환경인가, 그린 워싱인가?

⟶ 재활용에도 여러 종류가 있어. 간단히 말하면 단 한 번 재활용하고 쓰레기가 되는 게 있고, 여러 번 재활용하는 물질 재활용이 있지. 가령 페트를 재활용해서 솜이나 옷을 만든다고 했을 때 그건 한 번만 재활용되는 거야. 옷을 재활용하는 일은 거의 불가능해. 옷 만드는 공정에서 염색을 하고 다른 재료와 섞이게 되니까 재활용을 하려면 이 모든 과정을 되돌려야 하는데, 이것이 거의 비가역적인 과정이라는 거지. 그래서 페트로 옷을 만든다는 것은 쓰레기로 가는 시간을 아주 조금 늦췄을 뿐이지 재활용이라는 말을 붙이기가 민망해.

요즘 투명 페트병을 따로 배출하잖아? 이걸 가지고 음료 페트병을 다시 만드는 걸 '보틀 투 보틀'이라고 해. 투병 페트로 다시 투명 페트를 만든다면 물질 재활용을 오래 할 수 있겠지. 음료 용기를 만드는 투명 페트를 다시 음료 용기로 만들면 온전히 재활용되는 거야. 그런데 이때 주의해야 할 게 있어. 투명 페트라고 해서 자동차 워셔액을 담았던 페트로 음료 용기를 만들면 될까? 당연히 안 되지. 반드시 음료 페트만 다시 음료 페트로 재활용해야 해.

그러려면 어떤 일이 선행되어야 할까? 그래, 맞아. 분리배출을 제대로 해야 해. 음료 페트만 따로 모아야 하지. 이 과정이 정말 중요해. 사람들이 음료 페트만 따로 모으도록 하려면 어떻게 하면 좋을까? 보증금제도를 활용하는 거야. 음료를 살 때 빈 음료 용기를 되가져올 수 있도록 재활용 비용을 제품 가격에 붙이는 거지. 그러면 마시고 다시 반환하는 확률이 올라갈 수밖에 없어. 왜 보증금제가 중요한지 이해가 되니?

2022년 2월에 환경부는 투명 페트병을 재활용해 식음료를 담을 수 있는 새로운 용기를 만들 수 있도록 관련 기준을 개편했어. 재활용품을 선별하고 재활용하는 사업자가 지켜야 할 시설 기준 등을 담은 '식품용기 재생 원료 기준'을 확정했거든. 세계적인 식품 기업 코카콜라와 펩시도 2030년까지 모든 포장재에 재생 원료를 50퍼센트 이상 사용하기로 했어. 글로벌 기업들이 앞다퉈 정부의 규제 기준보다 더 많은 양의 재생 원료를 사용하겠다고 선언하고 있는데, 이것은 최근 ESG$^{Environmantal, Social and Governance}$ 경영이 급부상하고 있기 때문이야. ESG는 환경, 사회, 지배 구조를 뜻하는 말로, 기업 경영에 드디어 '환경'이 들어간 거야. 기업이 경영 과정에서 환경에 미치는 영향을 최소화하겠다는 건데, 사용하는 자원이나 에너지, 발생시키는 쓰레기나 폐기물의 양을 고려한 경영을 하겠다는 거지. 기후 변화의 주범인 온실가스 배출량은 물론 자원 재활용이나 처리를 이젠 모른 척하지 않겠다는 의지를 반영하는 거고 말이야.

그린 워싱^{Greenwashing}이라고 들어 봤니? 환경을 의미하는 그린^{green}에 하얗게 칠하다, 회칠하다, 불법 행위의 진실을 은폐하다라는 뜻인 화이트워싱^{Whitewashing}의 워싱이 합쳐진 합성어야. 그린 워싱은 기업이나 단체가 환경에 악영향을 끼치는 제품을 만들거나 행위를 하면서도 거짓 또는 과장 광고와 홍보 수단을 통해 마치 친환경인 것처럼 포장하는 걸 의미하는 말인데, 위장환경주의라고도 해.

가령 애플이 2020년 출시한 스마트폰부터 사용자 대부분이 잘 쓰지 않는 충전기와 유선 이어폰 제공을 중단했어. 그러면서 필요 없는 쓰레기를 줄여 제품 배송 포장 무게와 부피를 감소시켰고, 그만큼 탄소 배출 저감 효과가 있다고 홍보했지. 어떤 점에선 타당한 이야기 같지만 진심으로 쓰레기를 줄이고자 한다면 애플은 충전기를 여타 다른 스마트폰 충전기 단자와 공통되는 단자로 변경해야 맞아. 결국 애플은 유럽연합의 권고를 받아들여 2024년까지 공통 단자를 적용하기로 결정했어.

스타벅스가 플라스틱 빨대가 문제가 되자 종이 빨대를 친환경 빨대라고 홍보하면서 내놨는데 과연 종이 빨대가 친환경일까? 쓰레기통으로 들어가는 종이는 친환경이 아니야. 생수병에 라벨을 없애고 친환경이라고 광고하는 것 역시 그린 워싱으로 보여. 병물을 마시는 게 친환경일 수는 없으니까.

기업들이 제품을 만들면서 재생 플라스틱이나 재생 섬유를 사용했다고 광고하는 것도 그린 워싱의 일종으로 볼 수 있어. 왜냐하면 재생 원료가 어디서 나온, 어떤 폐기물로 만든 것인지 재생 원료의 이력을 소비자에게 제공해야 그린 워싱의 의심에서 벗어날 수 있거든. 탄소 발자국을 생각하면 재생 원료를 해외에서 수입해 만든 걸 과연 친환경이라고 할 수 있을까?

그린 워싱이 환경 분야에서 친환경인 척하는 걸 의미한다면, 사회적 문제나 가치에 대해 깨어 있는 척하면서 실제로 아무 행동도 하지 않거나 오히려 반대되는 행동을 하는 걸 워크 워싱Woke Washing이라고 해. 많은 기업이 환경과 사회적 가치, 동반 성장 등 사회적 책임을 다하겠다고 이야기하지만 사실 말뿐이고 실천이 따르지 않는 기업도 있어.

기업이 친환경 제품을 만들겠다고 선언하는 건 반가운 일이야. 그렇지만 그걸로 안심해서는 안 되고, 기업이 선언한 내용을 제대로 실행하는지 꾸준히 지켜보는 시민의 눈이 필요해. 그리고 정부에 생산자가 과잉 생산과 과잉 폐기하는 것에 대해 법적인 규제를 꾸준히 강화하도록 요구해야겠지. 또한 기업들의 이런 경영 가치가 단지 투자자들의 투자를 받기 위한 말잔치는 아닌지, 그린 워싱 또는 워크 워싱으로 그치는 건 아닌지, 그리고 제대로 수행하고 있는지를 모니터링하는 시민의 자세가 필요해. 그러려면 우선 환경에 대한 정확한 지식을 습득해야겠지?

5장

변화를 이끄는 노력들

지속 가능한 세상은 가능해!

공유경제, 소유의 시대에서 접속의 시대로

아침에 등교할 때 분명 화창했는데 집에 가려고 나오니 비가 주룩주룩 내린 경험, 전철에서 내려 바깥으로 나왔더니 폭우가 쏟아진 경험이 아마 한두 번쯤은 있을 거야. 빗나간 일기예보를 원망한들 우산이 내 앞에 뚝 떨어지진 않지.

예측이 점점 어려워지는 기후 위기 시대를 살아가려면 종종 겪게 될 일이야. 이럴 때마다 사들인 우산이 대체 몇 개인지를 떠올리면 아깝다는 생각이 들어서 가장 싼 우산을 사게 되고, 그런 우산은 금세 망가져 결국엔 쓰레기를 늘리는 꼴이 되곤 해. 2021년 통계청 집계에 따르면 우리나라에서 한 해 평균 생산하는 우산 개수는 대략 3622만 개쯤 되는데, 등록되지 않은 수입품까지 합치면 판매되는 우산 개수는 거의 5000만 개에 가깝다고 해. 정확한 통계는 아니지만 고장 나거나 잃어버려서 쓰레기가 되는 우산이 우리나라에만 4000만 개에 이를 것으로 추정하고 있어.

우산이 갑자기 필요할 때 사지 않고 빌려 쓸 수 있다면 어떨까? 캐나다의 브리티시컬럼비아대학교는 비가 오면 캠퍼스 안에 노란색이 많이 보인대. 우산 공유 서비스인 엄브라시

티^{Umbracity}를 이용해서 빌린 우산이 펼쳐지기 때문이야. 이 학교 출신 2명이 창업한 엄브라시티 공유 서비스는 현재 밴쿠버 시내 곳곳에 키오스크를 늘려 가며 우산 대여 서비스를 하고 있어. 회원과 비회원 간에는 이용 금액과 한 번에 대여할 수 있는 우산 개수에 차이가 있을 뿐, 모두 편리하게 이용 가능해. 48시간 이용할 수 있고, 이용 시간이 지나도 반납하지 않을 경우엔 하루에 2달러씩 연체료가 붙어. 만약 열흘이 지나 연체료가 20달러를 넘으면 우산을 빌려 간 사람이 구매한 거로 여긴다고 해.

우산 공유 서비스는 이미 우리나라에서도 여러 차례 시도한 적이 있지만 회수율이 0~10퍼센트로 실패했거든. 몇몇 지자체에서 우산 공유 서비스를 실시했는데 사용 후 되돌아온 우산이 10퍼센트 미만이어서 대부분 중단되었다고 해. 아마도 2가지 점에서 준비가 부족했던 게 아닌가 싶어. 우산을 빌려 간 사람이 제때 반납하지 않아도 아무런 불이익이 발생하지 않는 단순 서비스 차원이었다는 점이 문제야. 또한 반납 장소를 여러 곳에 마련하고 서비스를 시작했던 게 아니라는 점이 문제지. 빌린 곳에서만 반납해야 하는 데다 불이익도 없으니 누가 귀찮은 걸 감수하면서 되가져오겠어? 회수율이 낮으면 지속 가능할 수가 없잖아. 정작 필요한 사람들은 유명무

실해진 서비스에 실망하게 되고, 이용자는 줄어들어 결국 실패로 끝날 수밖에 없는 거지.

이처럼 물건을 빌려 주는 서비스가 성공하느냐 마느냐의 핵심은 편리한 접근성과 물건 회수율이야. 우산을 사면 나 혼자 소유하다 버리지만, 필요할 때 빌려 쓰면 소유하지 않아도 되고 여러 사람이 함께 사용하게 되니까 총량으로 보면 우산 쓰레기를 줄일 수 있지.

공유 우산 사례만 보더라도 소유보다 공유가 우리 삶을 지속 가능하게 해 줄 가치라는 게 느껴지지 않니? 열 사람이 자전거를 한 대씩 소유할 때와 열 사람이 자전거 한 대를 공유할 때를 비교하면 어떤 이점이 있을까? 자전거를 만들 때 필요한 자원이 줄어들겠지. 더 이상 사용할 수 없어 처분할 때 나오는 폐기물의 양도 줄어들 테고 말이야. 자동차도 따져 볼까? 자가용은 단지 한 달에 몇 번, 또는 하루 중 몇 시간을 사용하기 위해 늘 주차장 자리를 차지하고 있어. 그렇게 공간을 낭비하느라 개개인은 비용도 지불하고 있지. 자동차 세금과 보험료를 해마다 내잖아.

대중교통 인프라가 잘 갖춰진다면 자가용의 필요성은 많이 줄어들 거야. 2021년 베를린 시는 '자동차 없는 도시로 만들자'는 캠페인을 펼쳤어. 시민들의 요구로 진행된 캠페인인데, 모든 자동차를 없애는 건 아니고, 시간이나 구역을 정해서 도로를 봉쇄해 자동차 없는 거리를 만들자는 거지. 생업을 차량에 의존해야 하는 경우와 응급 서비스를 하는 차량은 금지 대상에서 제외했어. 또 이사를 한다든가 불가피한 경우에 한해서 일 년에 최대 12번 차량 통행을 허용하겠다는 내용이야.

이 캠페인은 교통량을 억제해서 사람들이 자가용 외에 다른 대안을 찾도록 하자는 일종의 아이디어인 셈이야. 차량 자체를 줄이는 게 목적인데, 그렇다면 사람들은 어떻게 다닐까? 자전거와 대중교통을 이용하면 되지. 2020년 3월, 코로나19가 대유행하면서 사람들은 대중교통을 기피하기 시작했는데, 이때 베를린 시정부는 시내에 임시로 자전거 도로를 만들기 시작했어. 이게 자동차 없는 도시를 꿈꾸는 계기가 되었다고 해. 자전거 나라로 불리는 네덜란드를 비롯해 최근 15분 도시*로 유명해진 프랑스 파리, 스페인 바르셀로나, 이탈리아 밀라노, 미국 뉴욕 등 세계 여러 나라가 자전거 도로를 늘리고 있어. 우리나라는 코로나19 팬데믹이던 2020년 상반기 동안 자동차 판매량이 전 세계 10대 자동차 시장에서 유일하게 증가한 나라였어.

평소엔 대중교통을 이용하다가 꼭 필요한 경우에만 공유 차량을 이용하면 어떨까? 그러려면 공유 차량을 빌리고 반납할 인프라를 촘촘하게 확보해야 돼. 그럼 굳이 많은 자동차를 생산할 이유도 없고, 그 많은 주차장이 필요하지도 않겠지. 폐차하느라 공간을 또 차지하고 오염을 일으키지도 않을 거고 말이야. 공유 차량을 이용하면 자동차를 소유할 때 발생하는 세금과 보험료는 사라지고, 이용할 때만 적은 금액을 부담하면 돼. 모든 물건을 공유할 순 없겠지만 공유가 가능한 것들조차 소유하고 있는 건 여러 면에서 낭비라는 생각이야.

물론 공유와 소유의 장단점을 단순 비교로 판단할 순 없어. 그렇지만 지금 우리 인류가 안고 있는 자원 고갈과 쌓여가는 폐기물 문제를 해결할 방법 가운데 하나인 공유의 가치에 더 많은 사람이 눈뜰수록 지속가능한 사회가 될 수 있을 거야.

공유경제는 정보통신 기술 발전과 함께 급성장하고 있어. 정보통신 기술이 플랫폼을 제공해 주기 때문이지. 세계은행이 발표한 자료에 따르면 2001년 100명당 15명이던 스마트폰 이용자가 2020년에 106명[**]으로 증가해. 플랫폼 접속 가능한 인구의 폭발적인 증가는 공유경제를 성장시키는 원동력이 되었지. 공유경제로 사회의 흐름이 바뀔 거라고 예측했던 사람 가운데 제러미 리프킨이 있어. 그는 《소유의 종말》이라는 책에서 소유의 시대는 이제 저물고 있다고 했어. 원래 제목인 "The Age of Access"를 그대로 번역하면 "접속의 시대"야. 2000년에 나온 이 책에는 무엇을 소유했는가를 통해 자신이 누구인지를 나타내던 소유의 시대는 가고 접속의 시대

• 15분 생활권 내에서 일상생활이 가능한 도시로, 시민들이 보다 편리하고 쾌적한 삶을 누릴 수 있도록 그린 스마트 도시를 조성하는 것을 말한다.
•• https://data.worldbank.org/indicator/IT.CEL.SETS.P2

가 온다고 했어.

접속을 통한 관계 맺기는 이제 일상이 되었지. 가령 전화번호를 외울 필요가 없어. 스마트폰에 접속하면 알 수 있으니까. 자동차도 소유할 필요가 없어. 필요할 때 필요한 장소에서 카셰어링을 이용하면 되거든. 굳이 내 것이 아니어도 언제든 접속하면 사용 가능하니까, 더 이상 내 것의 의미가 사라지는 거지. 더구나 소유는 관리를 필요로 하지만 접속은 그럴 필요조차 없으니까 장점이 많아. 접속을 통해 필요한 것을 공유함으로써 소유하지 않아도 편리한 삶을 누릴 수 있게 된 거야. 공유경제는 이렇듯 새로운 비즈니스로 우리 곁으로 왔어.

공유의 본래 뜻은 '함께 소유'하는 거야. 앞서 예로 든 공유는 엄밀한 의미에서 함께 소유하는 건 아니지. 영어로 'sharing economy'가 우리말로 '공유경제'로 해석되면서 공유라는 말을 쓰는데, 오히려 빌려 쓰다는 뜻이 더 맞아. 물건은 누군가(사업가)가 소유하고 있고, 다만 편리를 위해 물건을 사용할 '권리'를 소유하는 쪽으로 바뀐 거지. 오늘날 우리가 부르는 많은 공유경제는 플랫폼 산업이야. 플랫폼에 올라온 것 가운데 필요한 것을 소비자가 일정 비용을 지불하고 일정 기간 동안 사용할 권리를 소유하는 게 바로 공유경제라고 이해하면 좋을 것 같아.

공유재, 함께 누리고 함께 관리한다면

공유는 인류 역사의 오랜 전통이기도 해. 강이나 가까운 바다, 우물, 마을 숲과 들판은 마을 사람들이 함께 관리하고 그로부터 얻는 혜택도 함께 나누어 가졌어. 마을의 우물은 집집마다 수도가 놓이기 이전엔 마을 사람 모두가 물을 나눠 먹고 오염되지 않도록 함께 관리했지. 어촌에서는 가까운 바다에서 어린 물고기를 잡지 못하게끔 마을에서 관리했어. 그래서 지속 가능한 어업이 가능했던 거야. 이처럼 천연자원이나 강, 바다, 숲이나 들판처럼 함께 사용하고 관리하며 혜택까지 함께 나누는 걸 공유재Commons라고 해. 환경 문제가 심각해지면서 최근 다시 공유재에 관심이 커지고 있어.

공유경제라 불리는 것과 공유재와의 가장 큰 차이는 모두가 함께 '사용'하고 함께 '관리'하며 혜택도 '모두'에게 고루 돌아간다는 거야. 우리 모두의 백과사전이라 불리는 지식 공유 플랫폼인 위키피디아야말로 세계 시민이 함께 누리는 공유재라 할 수 있어. 위키피디아에는 자기가 알고 있는 지식을 올리는데, 신뢰를 위해 출처나 근거까지 올리는 수고를 마다하지 않아. 잘못된 지식이 있다면 바로잡는 사람도 있어. 이 모든 일이 다 무료로 이루어지지.

마을 사람 모두가 주인이고 함께 관리한다는 인식이 있다면 오늘날과 같은 환경 문제는 벌어질 수가 없어. 공유재를 중요하게 생각하는 마을에서 썩지 않아 처리가 곤란한 쓰레기를 무진장 만들어 내면서도 계속 무언가를 소비할 마음을 먹을 수 있을까? 가구를 만드는 회사가 마을 숲을 다 없애도록 마을 사람들이 허락할까? 매장돼 있는 자원을 생태계가 망가지든 말든 채굴하는 걸 마을 사람들이 내버려 둘까? 꼭 필요해서 어쩔 수 없이 개발해야 하는 상황이어도 마을 사람들의 피해를 최소화하는 선에서 지속 가능한 방법을 찾아냈을 거야. 쓰레기가 늘어나지 않도록 방법을 궁리했을 테고 말이야.

산업이 발전하면서 공유재가 사라졌을 뿐만 아니라 잘사는 나라가 저소득 국가의 공유재마저 함부로 망가뜨리는 상태에 이르렀어. 아마존을 불지르고 곡물 기업들이 대두 농장을 만들거나, 인도네시아 칼리만탄섬의 원시림을 망가뜨리며 잘사는 나라 기업들이 팜유 플랜테이션을 경영하는 게 그런 사례야. 지역의 공유재인 숲을 함부로 파괴해서 그 지역 사람과 동물들이 살아가는 터전을 송두리째 없애버리는 일들이 계속 벌어지고 있지. 아마존 열대우림이 벌목되면서 브라질 농민들은 굶주린 동물들과 갈등을 겪고 있어. 서식지가 사라지자동물들이 먹이를 찾아 농장을 자꾸 침범하기 때문이지.

그뿐만이 아니야. 2021년 기준으로 전 세계에서 한 해에 1000억 벌의 옷이 생산되고 이 가운데 약 33퍼센트인 330억 벌이 버려지고 있어. 우리나라의 경우 중고 의류 가운데 국내에서 다시 유통되는 건 고작 5퍼센트이고 95퍼센트는 인도, 캄보디아, 방글라데시, 파키스탄, 탄자니아, 케냐, 가나 같은 저소득 국가로 수출되지. 폴리에스터가 주를 이루는 옷은 썩지 않고 심각한 환경 문제를 일으켜. 드넓은 초원에 의류 쓰레기가 쌓이니 소들이 풀 대신 폐섬유를 먹고, 식수로 이용하던 아프리카 가나의 오다우 강은 버려진 의류 쓰레기로 오염돼 버렸어. 잘사는 나라의 기업과 소비자들의 상품 소비를 위해 저소득 국가의 공유재가 빼앗기고 훼손된다는 건 정말 안타깝고 미안한 일이야. 그것이 쓰레기든, 환경 훼손이든, 내가 받아들이기 싫은 거라면 다른 이들에게 강요해도 안 되는 거지. 그것이 바로 인간애 아닐까? 한정된 자원과 폐기물 문제를 해결할 좋은 방법은 공유재를 회복하는 거야.

매년 쓰레기가 넘쳐나지만 줄이려는 노력도 세계 곳곳에서 진행되고 있어. 미국에서는 해마다 11월 넷째 주에 있는 추수 감사절 다음 날이 일 년 중 가장 큰 규모의 쇼핑이 이뤄지는 날인데, 일명 '블랙 프라이데이'라 부르지. 경제 용어 가운데 흑자와 적자가 있는데, 블랙은 흑자를 나타내며 수입의 증가를 뜻해. 기업들이 일 년 동안 팔지 못해 창고에 두었던 재고품을 이날 대대적인 할인 판매로 다 털어 버리고 적자에서 흑자로 돌아선다는 의미에서 블랙 프라이데이라는 말이 만들어졌다고 해. 일 년 매출의 70퍼센트가량이 이날 이루어진다고 하니, 얼마나 많은 물건이 팔리는지 짐작이 가지? 아무리 소비의 문제점을 알고 있어도 갖고 싶은 물건을 싸게 판다면 그 유혹을 이기기 쉽지 않을 거야. 캐나다의 광고인이던 테드 데이브는 사람들이 끊임없이 소비하는 걸 보고 '아무것도 사지 않는 날'을 만들었는데, 블랙 프라이데이와 같은 날이야. 싼 가격에 물건을 판다는 광고를 외면하고 아무것도 사지 않는 행동도 제로웨이스트를 실천하는 일이라 할 수 있어. SNS 등을 활용해서 이런 기념일이 있다는 걸 주위에 알리는 것 또한 제로웨이스트를 실천하는 방법이겠지?

식목일에 나무를 아무리 심어도 종이 소비가 늘어나면 나무를 심는 일이 별로 의미가 없다는 의미에서 '종이 안 쓰는 날'도 있어. 환경단체인 녹색연합이 만든 기념일인데, 이 단체는 재생 종이 사용을 확산시키는 일도 꾸준히 하고 있지. 종이로 사라지는 숲을 최대한 억제하기 위한 노력의 하나로, FSC* 인증제도라는 게 있어. 종이를 만들기 위해서는 숲을 벌목해야 하는데, 숲을 관리하고 나무를 운반하고 펄프를 만들어 종이로 완성되는 전 과정이 환경 친화적으로 진행될 때 인증을 부여하는 제도야. 상당히 까다로운 절차를 거쳐야만 얻을 수 있지. 책 뒤표지에 FSC인증 로고를 발견한다면 친환경 과정을 거쳐 만들어진 종이를 사용했다는 뜻이니까 출판사에 격려의 전화나 이메일이라도 한 통 보내 주면 좋을 것 같아. 이런 작은 변화가 출판 문화를 변화시키고 지속적으로 친환경 출판을 하는 계기가 될 수 있거든.

재활용의 발전, 업사이클링

쓰레기가 될 뻔한 것을 되살려 새로운 물건을 만드는 걸 재활용이라 하는데, 그 중에서도 한 단계 업그레이드하는 재활용을 '업사이클링Upcycling'이라고 해. 개선하다라는 의미의 '업그레이드Upgrade'와 재활용이라는 의미의 '리사이클링Recycling'을 합친 말이지.

● Forest Stewardship Council(국제산림관리협의회). 목재를 채취, 가공, 유통하는 전 과정을 추적하고 관리하는 친환경 인증 단체다.

    화재 진압할 때 소방관이 입는 방화복이 낡아서 더 이상 입을 수 없을 때 쓰레기로 버려지는 게 아니라 새로운 물건으로 탄생한다면 어떨 것 같아? 방화복이 법적으로 기능을 발휘할 수 있는 기간은 3년이야. 3년 동안 평균 354번 현장에 출동하고 나면 폐기 처분하는데, 이렇게 버려지는 방화복이 일년에만 1만 벌가량 된다고 해. 방화복은 고강도 신소재로 불에 잘 타지 않도록 방염 처리한 데다 방수 처리까지 돼 있어서 방화복의 기능은 떨어져도 일상 용품으로 다시 사용하기엔 충분한 소재야. 이런 방화복을 가방이나 소품으로 업사이클링하는 기업이 있어. '119REO'라는 기업인데, 소방관들의 열악한 근무 조건과 투병 중인 소방관을 도우려는 취지에서 이런 업사이클링을 하게 되었다고 해. 폐방화복을 가져다 세탁하고 손질해서 새로운 제품으로 만드는 과정을 지역의 자활센터 등과 연계해서 함께하고 있고 제품 판매 수익금의 절반은 암 투병 중인 소방관에게 기부하고 있지. 회사 이름인 REO는 "Rescue Each Other(서로가 서로를 구한다)"의 약자로, 소방관이 화재로부터 우리를 구하듯 업사이클링하는 과정과 판매를 통해 서로를 구하자는 뜻을 담았다고 해. 쓰레기를 줄이려는 노력만으로도 박수 받을 일인데 지역 내 취약 계층의 일자리도 만들어 함께하고 있다니 흐뭇하지? 제로웨이스트는 단지 쓰레기만 줄이는 것을 넘어서 이렇게 공동체와 더불어 사는 삶을 모색하는 일이기도 해.

'터치포굿'은 우리 사회에 업사이클링이라는 말을 널리 퍼뜨리는 데 크게 기여한 사회적 기업이야. 행사가 끝나면 현수막을 대부분 소각 처리하는데, 그것으로 에코백, 텀블러백 등을 만들며 업사이클링을 시작한 최초의 기업이거든. 평창 동계올림픽 때 사용했던 성화대는 올림픽이 끝나면 해체해서 소각할 예정이었지만 성화대의 목재를 사용해서 성화를 꼭 닮은 무드 램프를 만들었어.

이러한 업사이클링 아이디어는 쓰레기와 환경 문제를 동시에 고민할 때 나올 수 있는 것 같아. 동물 문제와 플라스틱 문제를 함께 고민하면서 터치포굿은 새로운 제품을 선보였지. 폐페트병으로 얇고 부드러운 쉬폰 스카프를 만들었거든. 스카프에는 수달, 제비, 상괭이, 산호 등 멸종 위기종을 그려 넣었고 애니멀 시티즌십 캠페인을 진행했어. 캠페인을 통해 판매한 수익의 일정 부분을 서울수달넷에 후원했대.

그런데 왜 하필 수달일까? 한강에 사는 수달이 눈 똥에서 플라스틱이 발견되었거든. 플라스틱이 수달 몸에 들어갔다는 건 경로가 어떻든 한강과 한강 근처가 플라스틱으로 오염되었다는 뜻이고, 이것은 수달의 목숨을 위협하는 일이잖아?

플라스틱 오염 문제를 알리기 위해 이런 캠페인을 펼치고 스카프에 동물 디자인을 하게 되었다고 해. 수달은 모피, 동물 거래를 위한 밀렵과 환경 오염, 서식지 파괴 등으로 위기에 직면해 있는 동물이야. 국제수달생존기금은 수달의 이런 상황을 알리고 보호하기 위한 기금 마련을 위해 해마다 5월의 마지막 수요일을 세계 수달의 날로 정했어.

최근 쓰레기 문제에 사회적인 관심이 커지면서 다양한 업사이클 제품들이 등장하고 있어. 동물 가죽 대신 포도 부산물이나 파인애플 잎, 사과 껍질로 만든 비건 가죽 가방, 택배 비닐봉지를 패션 아이템으로 재탄생시킨 제품, 버려진 우산 천을 업사이클링한 지갑과 파우치, 매장이나 행사장에서 쓰던 배너를 모아 조명 갓을 만들기도 하는 등 다양해. 너희의 반짝이는 아이디어가 쓰레기를 한 단계 업그레이드시켜 멋진 물건으로 재활용될 수 있길 기대할게.

수리할 권리를 요구하다

서초구에 위치한 서초지역자활센터에는 2003년 전국 최초로 문을 연 우산 수리 서비스 센터가 있어.

2021년 기준으로 15만여 개의 우산을 수리했는데, 그동안 센터를 거쳐 간 우산이 월 평균 700여 개야. 버려져 쓰레기가 될 뻔한 폐우산을 수리해 재사용한다는 것도 반가운데 저소득 취약 계층의 자립을 위한 일자리 창출까지 하고 있어. 이곳에서 일하는 사람들은 전문가의 교육을 통해 우산 수리 기술을 배워. 누구든 이용 가능하고 무료로 수리 서비스를 받을 수 있다니, 바로 이런 게 너와 나, 결국 모두에게 이로운 제로 웨이스트가 아닐까? 동네마다 이런 수리 센터가 있다면 쉽게 버리는 문화가 고쳐 쓰는 문화로 바뀔 수 있을 것 같아. 당장 고칠 우산이 있는데 수리할 곳을 찾기 어렵다면 유튜브에서 '우산 수리'를 검색해도 좋아. 수리해서 쓸 수 있는데도 방법을 몰라서 버려야 했던 온갖 것을 수리하는 방법들이 많이 업로드돼 있어. 가능하면 새 물건을 구입하지 않고 스스로 고쳐 쓸 수 있는 시대를 우리 함께 열어 볼까?

만약 조립하거나 뭔가를 만드는 일에 재주가 있다면 향후 수리 분야로 진로를 생각해 봐도 좋을 것 같아. 언제든 수리 기술을 배울 수 있고 수리할 도구를 빌릴 수 있다면 보다 많은 사람들이 수리할 생각을 할 거야. 원주한살림협동조합은 우리가 생활하는 데 필요한 기술을 가르쳐주는 생활기술학교를 열고 있어. 아주 기초적인 수리 도구 사용법부터 치수 재는 법, 집안에 깔려 있는 전기 배선을 이해하는 교육, 세면기나 변기의 배관을 이해하는 방법과 수리법을 가르쳐 줘. 구조를 알아야 고장 났을 때 진단할 수 있고 고칠 수 있으니까.

2021년에 기술학교에서 교육을 받은 사람들의 만족도가 높았을 뿐 아니라 공구를 빌려 쓰는 공구소비자협동조합을 만들어 보자는 제안도 있었다고 해. 빌려 쓰는 공구야말로 공유재라 할 수 있지. 원주한살림이 생활기술학교를 처음에 열었던 건 주거 돌봄이 목적이었어. 열악한 주거 환경에서 생활하고 있는 이들을 돕자는 취지에서 시작했는데, 내 집을 돌보고 수리 기술도 익히는 계기가 된 거지. 고장 나면 버리고 다시 사는 데 익숙했던 삶에서 물건은 물론 집을 수리하고 고쳐 쓰는 삶으로 전환하려는 구체적인 실천 모습이라 할 수 있어.

스마트폰의 경우 수리와 분해를 못하게 만든 제품도 있어서 논란이 되고 있어. 개인이 뜯었다가 고칠 수 없어서 서비스 센터에 가져가면 수리 서비스를 받을 수 없거든. 최근에 판매되는 스마트 기기의 경우엔 기초적인 자가 수리를 어렵게 만들거나 심지어 불가능하게 만들어 '수리 억제'라 불리기도 해. 스마트폰이나 노트북의 경우 간단한 나사조차 특별한 규격으로 만든 걸 사용해서 일반적인 드라이버로는 분해조차 어렵지. 어떤 전자제품은 중요 부품이 기판에 아예 납땜이 된

채로 출시되니까 부품 교체나 업그레이드를 시도조차 할 수 없는 경우도 있어. 수리가 불가하니 소비자는 결국 버리고 신제품으로 갈아타야 되고 쓰레기와 자원 소비는 더 늘어날 수밖에 없지. 이 문제는 단지 소비자의 손해로만 그치지 않고 사회 전체, 나아가 전 지구적인 손해야. 최근 가장 빠르게 증가하는 폐기물 분야가 바로 전자 쓰레기거든.

유엔이 작성한 〈2020년 세계 전자 폐기물 보고서〉에 따르면 2019년 세계 전자 쓰레기는 총 5260만 톤이고, 1인당 폐기물로 환산하면 한 해 평균 7.3kg이 발생해. 한국은 전체의 1.6퍼센트에 해당하는 81만 8000톤을 차지하고 1인당 폐기물은 15.8kg 정도로 세계 평균의 2배가 넘어. 수리를 어렵게 만들고, 일정 기간이 지나면 제품이 고장 나도록 기술적인 설계를 해놓아서(계획된 구식화) 전자 쓰레기가 크게 증가하고 있어서지.

기업의 이런 행태에 문제가 있다는 지적이 나오면서 '수리할 권리Right to repair'를 인정해야 한다는 목소리가 높아지고 있어. 수리할 권리란 말 그대로 제품 소유자가 제품을 수리할 수 있는 권리를 의미해. 지금까지는 돈을 주고 산 사람에게 소유권이 있어도 자기 물건을 수리할 권리는 없었던 건데, 이게 말도 안 되는 거라는 걸 사람들이 이제야 알기 시작한 거

야, 그렇다면 수리할 권리를 획득하려면 어떤 일이 선행되어
야 할까? 제품을 사면 사용 설명서와 함께 제품 수리 설명서
가 제공되어야 해. 2022년 1월 정의당 강은미 의원은 수리할
권리법 제정을 위한 입법 공청회를 열었어. 제품의 설계부터
수리와 폐기까지, 전 과정 동안 폐기물을 최소화하도록 방안

을 마련해야 한다는 의견이 이날 공청회에서 나왔지. 수리가
쉽고 내구성이 높은 제품을 인증할 수 있는 제도를 마련해서
소비자들의 선택권을 늘리고, 제품을 폐기하는 게 아니라 재
사용이나 재활용할 수 있는 제도를 마련하기 위해서 이 법안
은 정말로 중요해.

전자 쓰레기가 급증하면서 세계 시민들은 각국 정부에 수
리할 권리를 요구하고 있고, 실제로 반영되고 있어. 2019년
유럽연합은 EU 그린딜 정책에 수리할 권리를 포함시켰고,
2020년에 발표한 〈신순환경제 실행 계획〉에는 제품의 내구
성, 재사용성, 업그레이드성, 수리 가능성의 향상이 포함된
'친환경 설계 지침'을 마련하고 제품 설계부터 환경 오염을 최
소화하려 하고 있지.

미국은 바이든 대통령이 2021년 7월, '미국 경제의 경쟁 촉
진을 위한 행정 명령'에 서명했고 연방거래위원회[FTC]가 소비
자의 수리 선택을 제한하는 관행을 불법으로 규정하는 정책
성명을 채택했어. 드디어 애플은 2022년 4월부터 소비자가
스스로 아이폰을 수리할 수 있는 '셀프 서비스 리페어'를 시작
했고, 삼성전자도 같은 해 8월부터 순정 수리 부품과 설명서
를 제공하기 시작했지.

플라스틱 오염을 끝내기 위한 국제 협약

> 유엔환경총회UNEA는 2022년 3월 케냐 나이로비에서 열린 제5차 총회에서 2024년까지 플라스틱의 생산부터 유통, 폐기까지 전 생애 주기를 규제하는 법적 구속력이 있는 국제 협약을 만들기로 결의했어. 협약의 정확한 이름은 '플라스틱 오염을 끝내기 위한 법적 구속력 있는 국제 협약'이야. 국제 협약은 대부분 자발적인 실천이 많아서 실행력에 문제가 있지만, 이번 협약은 '법적 구속력'을 갖게 된다는 점에서 의미가 커.

2019년부터 선별되지 않은 혼합 폐플라스틱을 바젤협약에서 유해 폐기물로 포함시켰다고 앞서 설명했던 걸 떠올려 보면 세계가 플라스틱 오염을 위기로 느끼고 있다는 생각이 들지 않니? 그런데 아무리 개인이 제로웨이스트를 실천하려 해도 기업이 계속 플라스틱 포장재를 사용하고 재활용이나 재사용이 불가능한 제품들을 생산한다면 폐플라스틱을 줄이는 데에는 한계가 있을 수밖에 없어. 기업이 바뀌지 않는다면 플라스틱의 재활용률을 50퍼센트 이상으로 높이기 어렵다고 전문가들은 이야기하거든. 그러니까 핵심은 기업이지? 그러니 유엔이 나서서 이렇듯 법적 구속력이 있는 국제 협약을 만들었다는 건 두 손 들어 크게 환영할 일이야.

쓰레기 문제의 가장 큰 원인 제공자가 기업이라는 자각을 소비자뿐만 아니라 기업도 하고 있어. 최근 유행처럼 등장했던 게 기업들의 '줄이고 늘리고' 고고 챌린지야. 생활 속 플라스틱을 줄이기 위해 하지 말아야 할 1가지 행동과 할 수 있는 1가지 행동을 약속하는 거지. 이건 소비자들에게 기업이 뭔가 하고 있다는 메시지를 주는 거야.

'고고 챌린지'와 비슷한 '용기내 챌린지'에 대해 들어 봤지? 어쩌면 이 챌린지에 참여해 본 친구가 있을지도 모르겠네. 용기(그릇)를 가져가 내용물만 담아 와서 포장재 쓰레기를 줄이자는 챌린지였어. 그런데 몇십 년 전만 해도 그릇을 들고 가서 물건을 사는 일은 흔한 풍경이었어. 비닐봉지가 우리의 일상을 압도하기 전에는 모두 그렇게 살았거든. 최근에는 어쩌다 용기를 들고 가는 게 아니라 아예 포장재 없이 내용물만 파는 제로웨이스트 상점이 늘어나고 있어. 앞서 플라스틱 방앗간을 소개하면서 크기가 작은 플라스틱은 재활용 선별장에서 쓰레기로 버려진다고 했잖아. 서울 마포구에 위치한 알맹상점은 플라스틱 정거장 역할도 해. 재활용이 어려운 자원을 모아 또 다른 제품을 만드는 일을 하고 있지. 알맹상점에는 회수 센터가 있는데 유리병이나 플라스틱병, 병뚜껑, 우유팩,

커피 찌꺼기 등을 가져오면 스탬프를 찍어 주고, 스탬프가 쌓이면 플라스틱 프리 선물도 받을 수 있어. 모인 자원은 플라스틱 방앗간으로 보내서 재활용품으로 탄생하지.

동네 제로웨이스트 가게들 중에는 포장재 없는 물건만 파는 곳도 있지만, 다양한 캠페인과 교육을 하는 곳도 있어. 앞서 지적했던 화장품 용기의 문제점을 보완해서 샴푸, 린스, 바디워시, 세탁용품 등을 내용물만 판매하는 리필스테이션도 늘어나는 추세야. 한국소비자원에 따르면 리필스테이션에서 내용물만 구입할 경우 일반 상품보다 40퍼센트 이상 싸게 살 수 있다고 해. 알맹상점이 리필스테이션 1호였고, 대기업들도 참여하기 시작했어. 이젠 타사 제품과 차별화를 위해 포장 디자인을 부풀리거나 독특하게 만드는 시대가 아니라 친환경 포장재, 나아가서 포장 자체를 없애는 리필스테이션으로 거듭나고 있다는 건 정말 반가운 일이야. 식재료, 세제, 화장품을 리필하는 가게와 제로웨이스트 카페를 겸하는 곳도 있고, 자동차 세척 용품을 알맹이만 파는 차량 케미컬 소분 가게도 있어. 소분은 '작게 나눈다'는 뜻이야. 이런 상점을 이용하는 것은 단지 물건을 사고파는 것을 넘어 경험과 문화를 주고받는 일인 것 같아. 2020년 기준으로 우리나라에는 제로웨이스트 가게와 리필스테이션이 90여 곳이 넘는다고 해. 국내 제로웨이스트 가게를 한눈에 모아 놓은 '플라스틱 프리 방방곡곡 대동여지도'를 참고해서 우리 동네 제로웨이스트 가게를 이용해 보렴. 열혈 활동가인 고금숙 알맹상점 대표가 만드는 방방곡곡 대동여지도는 플라스틱 프리 플랫폼인 피프리미pFreeMe에 들어가면 볼 수 있어. 병뚜껑 수거 및 재활용 작업 공간, 종이팩 전용 수거 공간, 아이스팩 수거 장소, 화장품을 리필할 수 있는 곳 등 다양한 플라스틱 프리 및 자원 순환 관련한 장소를 찾기 쉽도록 해 놓았으니 많이 활용하면 좋겠어.

플라스틱을 어택하라!

기업이 폐플라스틱을 줄이려는 노력에 소극적이라면 어떻게 해야 할까? 움직이게 해야지! 누가? 우리 시민들이! 포장재 쓰레기로 경고장을 날리면 기업들은 어떤 반응을 보일까?

'플라스틱 어택Plastic Attack'은 2018년 3월 영국에서 시작한 시민 행동으로 유럽 등 세계 곳곳으로 퍼졌는데, 슈퍼마켓이나 마트에서 물건을 산 뒤 매장에 플라스틱 포장재와 비닐 등을 모아 돌려주는(버리고 오는) 거야. 과대 포장하는 기업들에게 책임을 지라는 의미로, 같은 해 7월 1일에 서울 마포구 홈플러스 월드컵점 매장에서도 일반 시민들과 환경단체 회원 등 30여 명이 플라스틱 어택을 했어.

재포장 금지법의 탄생

자, 질문 하나 던져볼까? 왜 하필 플라스틱 어택이 2018년에 시작됐을까? 그래, 2018년은 중국이 플라스틱 쓰레기 수입을 중단하겠다고 선언하면서 전 세계적으로 쓰레기 대란이 벌어졌던 해야. 우리나라의 첫 플라스틱 어택이 중점을 둔 건 포장재 쓰레기였고, 이 문제를 해결하기 위해선 기업이 움직여야만 한다는 걸 정확히 보여 준 행동이었지.

포장재 자체도 문제지만 여러 개를 묶어 재포장하는 것은 정말 불필요한 일이니까 대형 마트가 이것부터 금지하라고 시민들이 요구했어. 기업들이 불필요하게 재포장하는 이유는 당연히 이윤을 늘리기 위한 거지만 그로 인해 발생하는 포장재 쓰레기에는 관심이 없었기 때문이야. 이 일을 계기로 청와대 국민청원 홈페이지엔 "기업들의 불필요한 과대 포장을 제한하라", "과대 포장에 대한 기업의 책임을 소비자에게 전가하지 마라", "과대 포장과 중복 포장은 이제 기업이 책임져야 한다" 등 관련 글들이 수십 건 올라왔어. 또한 정부를 향해 과대 포장과 재포장을 강력히 규제하라고 촉구했어. 이런 시민들의 요구로 환경부는 2020년 1월에 재포장 금지법을 공포해 7월부터 시행할 예정이었어. 그런데 일부 언론이 어떻게 보도를 했냐면 재포장, 다시 말해 묶음 포장을 반대하는 시민들의 요구를 마치 시민들 때문에 묶음 할인을 못하게 된 것처럼 보도했어. 이 기사를 읽은 일부 시민들이 할인 금지에 대해 분노했고 시민들 사이에 갈등을 빚기도 했지. 언론의 역할이 기업의 이윤을 대변하는 게 아니라 '사실 보도'에 있다는 걸 새삼 깨닫는 계기가 되었어. 정치뿐만 아니라 환경 문제에도 언론의 역할이 얼마나 중요한지 느껴지지 않니?

OECD 통계에 따르면 우리나라에서 한 해에 발생하는 포장 쓰레기양이 미국 다음으로 많다고 해. 플라스틱 어택과 청원 등 시민들의 요구로 2021년 1월부터 '재포장 금지법'이 실시되었어. 1월부터는 대형 마트 등에서 원플러스원이나 증정 행사를 할 때 개별 상품을 다시 비닐이나 플라스틱 포장재로 감싸는 것을 금지했고, 대기업이 만든 2개 이하 제품의 묶음 포장 판매만 금지하다가 같은 해 7월부터는 규제 대상을 중소기업까지 확대했지. 또 3개 이하 제품을 묶어 팔 때도 재포장을 금지했어. 그럼 이제 재포장은 사라졌을까? 책을 덮고 마트에 한번 가 보렴. 3개 이하 금지라는 걸 교묘히 이용해서 4개를 재포장해서 버젓이 판매하고 있어. 이렇게 법망을 피해 가면서 기업들이 재포장하는 이유는 그렇게 해야 많이 팔수 있기 때문이야. 낱개로 필요해도 묶음으로 있으면 '나중에 또 필요할 텐데' 하면서 여러 개를 산다는 거지. 기업 입장에서는 몇 배의 매출이 걸려 있는 문제거든. 게다가 포장재 쓰레기가 넘쳐난다고 해도 기업이 손해볼 건 없으니까. 그렇다면 시민들은 그냥 포기해야 할까? 아니, 재포장된 상품이 아무리 싸도 사지 말아야 해. 그리고 정부에 계속 법 집행을 요구해야 하지.

브리타에게 필터 재활용을 요구합니다

플라스틱 어택 2년 뒤인 2020년 8월부터 12월까지 브리타 어택이 있었어. 그동안 브리타 정수기 필터는 다 쓰고 나면 재활용이 불가능해서 일반쓰레기로 버려야 했거든. 겉은 플라스틱이고 안에 물을 정수하는 활성탄 등 충전재가 들어있는데 이걸 분리할 수가 없기 때문이야. 그런데 알고 보니 1992년부터 미국, 캐나다, 영국, 독일, 호주 등에서는 브리타 기업이 필터를 회수해서 재활용해 오고 있었던 거야. 이들 나라에서는 새 필터를 파는 진열대 옆에 폐필터 수거함을 두고 있거나 소비자가 필터를 기업으로 보내면 재활용하는 시스템이 갖춰져 있었던 거지. 우리나라에서 영업하는 브리타 코리아는 플라스틱으로 배출하면 재활용업체에서 알아서 플라스틱을 재활용할 것이라며 직접 수거해서 재활용하지 않았어.

너희가 이런 사실을 알게 된다면 어떻게 반응할 것 같니? "우리나라는 안 하나 보네, 그럼 그냥 버리지 뭐." 이렇게 생각했다면 여전히 폐필터는 일반쓰레기로 버려졌을 거야. 반면 "다른 나라에서는 하면서 왜 우리나라에서는 안 하는 거야? 우리를 뭘로 아는 거야? 우리도 재활용하는 시스템을 만들어!" 하고 회사에 요구한다면 어떤 변화가 생길까?

비영리단체인 십년후연구소와 알맹상점 등 27개 단체와 제로웨이스트 가게들이 모인 '브리타 필터 재활용 캠페인에 함께하는 사람들(브함사)'은 브리타 어택을 진행했어. 총 1만 3471명이 온라인으로 서명했고, 십년후연구소로 브리타 정수기 사용자들이 폐필터를 무려 1만 5000개나 보내왔지. 브함사는 국내에도 폐필터를 수거하는 프로그램을 도입하고 재활용과 재사용할 수 있는 시스템을 마련할 것, 활성탄, 이온교환수지 충전재를 리필해서 재사용할 수 있는 형태로 필터를 만들 것 등을 브리타코리아에 요구했어. 어떻게 됐을지 결과가 궁금하지?

이렇게 시민들이 힘을 모아 공개적인 캠페인을 벌이면서 요구하면 대체로 기업들이 반응을 해. 안 그랬다간 불매운동으로 불똥이 튀는 걸 그동안 봐 왔으니까. 브리타코리아도 답변을 했지. 2021년부터 폐필터를 회수해서 플라스틱은 재활용하고 나머지 충전재는 환경에 유해하지 않게 처리하는 시스템을 준비하겠다고. 그리고 정말 재활용을 시작했어. 폐필터 6개가 모이면 정수기 사용자가 브리타 코리아에 수거 신청을 해. 브리타는 폐필터를 수거해 가고 수거된 폐필터는 일정 수량이 모이면 재질별로 분리한 뒤 재활용하지.

세상을 바꾸는 건 누구라고? 그래, 바로 나야!

홈런볼이 달라졌어요!

크고 빵빵한 봉지를 뜯고 보니 플라스틱 트레이 안에 아주 쬐끔 담긴 내용물을 봤을 때 솔직히 배신감이 심하게 몰려오지 않니? 너희도 다 알고 있는 홈런볼을 트레이 없이 포장재에 담으면 원래 포장의 3분의 1 크기로 부피가 줄어. 그러니까 부피를 키우려고 트레이를 사용한 게 아닌가 하는 합리적 의심을 하지 않을 수 없지? 기대보다 적게 든 것도 속상한데 먹고 나면 페플라스틱은 또 얼마나 많이 나오는지.

과자는 왜 이토록 과대 포장하는 걸까? 기업의 얘길 들어보면 과자가 부서지지 않도록 보호하는 거래. 그럼 배신당한 내 감정은 누가 보호해 줄 건가 묻고 싶어. 쌓이는 폐플라스틱으로 피해를 보는 무수한 생명은 또 누가 보호해 줄 건지도. 이런 트레이는 비단 과자에 한정되지 않아. 우동, 냉면, 김에도 플라스틱 트레이가 있어. 시장 조사 기관 닐슨코리아에 따르면 2019년 조미김 트레이로 쓰인 플라스틱만 3055톤쯤 됐을 거로 추산해. 보통 플라스틱 트레이는 폴리스티렌^{PS}재질을 쓰는 데다 크기마저 작아서 재활용이 되질 않아. 결국 다 버려지는 쓰레기라는 이야기잖아.

모 신문사 기후 대응팀은 트레이가 과연 제품을 보호하는지, 트레이가 없으면 제품이 어느 정도나 파손되는지를 직접 실험해 봤어. 몇몇 제품을 12회에 걸쳐 낙하 실험한 결과 트레이가 없어도 파손이 안 되거나 트레이가 있어도 파손이 된 다는 결과를 얻었어. 택배로 보낼 때도 별도의 완충재 없이 박스에 담았지만 박스 측면이 찢어져도 본래 잘 부서지는 과 자 한 종류를 제외하고는 모두 멀쩡하다는 결과가 나왔지. 조 미김의 트레이는 불필요하다는 결론에 도달했고, 동원 F&B 는 2020년 7월부터 식탁용 김에서 트레이를 제거한 에코패 키지를 유통하기 시작했어. 제품의 성격상 트레이가 꼭 필요 하다고 기업이 판단한 경우엔 트레이 두께를 줄이는 등 플라 스틱 사용을 최소화하기도 했어.

국민 과자 홈런볼을 생산하는 크라운해태는 이러한 시민 사회와 언론사의 제로웨이스트 요구에 반응을 보이고 있어. 2021년부터 1년간 대체 소재 연구를 해 오면서 최근에 안전 성과 친환경성 검증을 끝내고 2022년 연말쯤 종이류로 트레 이 소재를 바꾸기로 결정했거든. 플라스틱 트레이가 홈런볼 에서만 사라져도 연간 700여 톤의 플라스틱 소비가 감축되는 효과가 발생할 것으로 예상하고 있어.

빨대, 빵칼이 진짜 필요해?

싱크대 서랍을 한번 열어 볼까? 케이크나 롤 케이크를 사 면 늘 딸려 오는 빵칼, 아이스크림을 사면 딸려 오는 스푼, 커피나 멸균팩 음료에 부착된 빨대들이 그득하지 않니? 이들의 공통점은 내 의지와 상관없이 제로웨이스트를 불가능하게 만든다는 거야. 통조림 햄은 캔으로 아주 잘 포장돼 있는데도 그 위에 플라스틱 뚜껑이 또 씌워져 있지. 요구르트병은 알루미늄 포장만으로 충분한데도 플라스틱 뚜껑을 또 씌워. 크기가 크지 않으니 재활용도 어려운 플라스틱이지.

이처럼 기업들이 불필요한 쓰레기를 계속 만들어 내자, 문제의식을 느낀 사람들이 자발적으로 모여서 불필요한 것들을 모으기 시작했어. 요구르트 뚜껑을 모았고, 스팸 뚜껑을 모았지. 빵칼을 모았고, 빨대를 모았어. 그래서 어떻게 했냐고? 그걸 만든 기업으로 돌려보냈어. 편지와 함께. 이토록 불필요한 것들을 생산하느라 탄소 배출하고, 남겨진 것들은 쓰레기가 되면서 지구에서 우리들의 생존이 위협받고 있다는 걸 알리는 행동인 거지. 그리고 목소리를 모아 요구하는 거야. 불필요한 것을 빼달라고. 몇몇 시민들이 모여서 이런 활동을 하자 기업들이 이들을 초대해 의견을 경청했어. 기업이 시민들의 목소리를 들으려는 태도는 반가운 일이야. 시민들이 공익을 위해 행동한다는 걸 기업도 알기 때문이지. 그게 불매운동을 두려워서 하는 행동이든 아니든 그건 중요하지 않아. 결국 공익을 위해 기업이 바뀌면 목적을 이루는 거니까.

플라스틱 프리 플랫폼

　전국에 있는 제로웨이스트 상점과 수거 가능한 모든 가게, 자원 순환을 희망하는 공간 등에서 두유팩, 주스팩 등 내부에 비닐, 종이 그리고 은박지가 혼합된 멸균 팩을 모으는 운동을 벌이고 있어. 누가? 시민들이! 자발적으로 플라스틱 프리 플랫폼인 피프리미를 중심으로 소통하면서 2021년 7월 기준 전국 119곳에서 멸균 팩을 모아 직접 재활용하는 곳으로 보냈어. 이렇게 모아진 멸균 팩의 비닐과 은박지는 파이프로, 나머지 부분인 펄프는 종이 타월로 재활용된다고 해. 그래서 내용물을 비우고, 헹구고, 크기별로 분리해서 모으는 게 중요해. 비행분섞, 기억나지? 재활용을 하려고 해도 시간당 1500kg의 멸균 팩이 있어야 공장을 돌리는데, 국내에서 수거되는 양이 부족해서 수입하고 있는 실정이라고 해. 한편에선 멸균 팩이 그냥 버려지는데 말이야.

　하나만 더 소개하면, 일회용 컵 보증금제의 부활이야. 우리나라는 일회용 컵 보증금제가 있었어. 패스트푸드업계를 시작으로 커피 전문점 등과 자율 협약을 맺으면서 일회용 컵에 보증금제를 실시했지. 그러자 일회용 컵 사용이 절반 가까이 줄었어. 그러다가 이명박 정부가 들어서면서 돌연 이 제도를 없앤 거야. 환경단체들은 일회용품 사용이 어마어마하게 늘어날 거라며 반대했지만 소용이 없었어. 2009년 이후 일회용 컵 사용은 해마다 20~50퍼센트 늘었으니 그 쓰레기가 어느 정도였을지 짐작이 가니? 그 와중에 중국의 쓰레기 수입 중단으로 쓰레기 대란이 벌어졌어. 환경단체 활동가와 회원들은 정부와 업체에 일회용 컵 사용을 줄이라고 지속적으로 요구했고, 2022년 6월부터 보증금제를 시행하기로 했지. 그런데 환경부는 갑자기 그해 12월 이후로 늦추겠다고 번복했어. 기대했던 시민들은 허탈했지만 보증금제를 하루 빨리 부활시키도록 노력하고 있어.

각자 자신의 생업이 있고 바쁜 일정이 있는데도 이렇게 지구를 위해 애쓰는 모습이 변화를 이끌어 내는 힘이라 생각해. '내가 이렇게 한다고 달라질까?'라고 생각하기에 앞서 '일단 해 보는 거야!' 하며 용기를 내는 게 필요한 것 같지? 그야말로 용기 내!!!

그리고 혼자 하는 것보다 여럿이 하면 훨씬 큰 힘을 발휘할 수 있어. 뭐라도 친구들과 한번 해 보고 싶은 생각이 들지 않니? 아이디어를 얻거나 도움을 받고 싶다면 '피프리미(https://pfree.me)'를 접속해 봐. 플라스틱 프리와 제로웨이스트에 관한 알차고 다양한 정보와 콘텐츠를 만들고 모으고 나눌 수 있을 거야.

6장

제로웨이스트는 좋은 삶

삶도 다이어트가 필요해!

지구를 지키는 6가지 생활 방식

> 2022년 3월 영국 일간지 〈가디언〉에 흥미로운 기사가 하나 실렸어. 영국 리즈대학교와 다국적 건설 기업인 에이럽^Arup 그리고 C40도시기후리더십그룹*의 전문가들이 기후 파괴를 막을 수 있는 6가지 생활 방식**을 제안하는 연구를 소개하는 기사였어. 이 연구에서 제시하는 6가지 생활 방식으로 바꾸기만 해도 지구 온도 상승 폭을 1.5℃ 이하로 유지하기 위해 감축해야 할 탄소 배출량의 약 4분의 1을 줄일 수 있다는 거야. 생활 방식만 바꿔도 가능하다니 귀가 솔깃하지 않니?

6가지 생활 방식 중에 몇 가지만 언급해 볼게. 스마트폰, 텔레비전, 컴퓨터와 같은 전자제품을 최소한 5~7년 동안 사용하자는 거야. 자원 고갈이나 폐기물 문제만이 아니라 원료

---

* 세계 대도시들이 기후 변화의 심각성을 인지하고 이에 대응하기 위해 자발적으로 구성한 각국 도시 시장들의 협의체이다.
** 6가지 생활 방식: ① 채식 위주 식단(적정량의 식사, 음식물 남기지 않기) ② 1년에 새 옷 3벌 이상 사지 않기 ③ 전자제품 최소 7년 쓰기 ④ 단거리 비행은 3년에 한 번, 장거리 비행은 8년에 한 번 ⑤ 가능하면 자가용을 없애고 그럴 수 없다면 지금 타는 차량 더 오래 타기 ⑥ 녹색 에너지로 갈아타거나 주택 단열 등 최소 한 번 이상 삶의 전환을 실천하며 사회 시스템 변화에 '넛지' 하기.

채굴부터 제련, 운송, 제조 등 제품 전 과정에 걸친 온실가스 배출이 심각하기 때문이지. 특히나 대부분의 전기 전자제품

을 생산해 내기 위해 1차 자원인 희토류 금속을 추출하고 제품을 생산하는 과정에서 배출되는 온실가스는 제품을 사용하느라 전력을 소비할 때 배출하는 온실가스보다 더 많아. 예를 들어 아이폰(iPhone 11)이 평생 배출하는 온실가스 중에서 13퍼센트만이 충전하고 데이터를 전송하고 검색하고 게임하느라 발생해. 나머지 87퍼센트는 생산, 운송 및 폐기물을 처리하는 과정에서 발생하거든.

그 밖에도 앞서 툰베리의 선언을 언급하면서 이야기했던 것처럼, 의류산업에서 발생하는 온실가스가 항공업과 해운업을 합친 것보다 더 많기 때문에 옷이 꼭 필요할 경우엔 중고 의류를 구입하고 수선해서 입기를 권해.

아무리 전기차가 친환경 차량이라고 해도 앞서 설명했듯이 희토류 채굴 과정에서 발생하는 온실가스와 자원 고갈, 폐기물 문제 등이 생겨나니까 개인 차량을 없애고 비행기 이용도 줄이자고 제안하지. 항공기가 배출하는 온실가스는 전 세계 온실가스의 2퍼센트를 차지하고 있거든. 휴가를 갈 때는 느린 여행을 권하고, 기차나 배 또는 버스 같은 대중교통을 이용해서 가능하면 가까운 장소로 갈 제안해. 먼 곳에 있는 가족이나 친구와는 화상통화 같은 기술을 이용해서 만나길 권하고 말이야.

6가지 생활 방식 실천의 마지막은 시스템의 변화를 이야기 하고 있어. 친환경 에너지로 전환하고, 에너지 효율이 높은 주택으로 전환하는 정도를 넘어서, 윤리적이고 친환경적인 녹색금융, 그러니까 탄소 산업에 투자하지 않는 은행을 이용 하고 필요할 경우엔 평화적인 시위나 행동으로 변화를 요구 하자는 거야. 또한 정책 입안자에게 편지를 쓰는 등 시스템에 변화를 가져올 수 있는 방법들을 소개했어.

6가지 모두를 당장 할 수는 없겠지만 가능한 것부터 실천해 보면 분명 삶에 변화가 생길 거야.

세계 여러 나라의 쓰레기 제도

> 2016년 기준, 세계은행 자료 〈What a waste 2.0〉에 따르면 전 세계 쓰레기는 일 년에 대략 20억 100만 톤이 발생하고 있어. 소득 수준별로 쓰레기 배출량 을 보면 저소득 국가에서 배출하는 쓰레기가 9300만 톤쯤 되는 데 비해 고소득 국가의 쓰레기 배출량은 6억 8300만 톤으로, 잘사는 나라에서 배출하는 쓰레기양이 저소득 국 가의 7배가 넘지.

2018년 기준으로 국제무역센터 폐플라스틱 수출입 통계를 보면 주요 7개국의 폐플라스틱 수출이 전체 폐플라스틱의 51.1퍼센트를 차지하고 있는데 미국, 독일, 일본, 영국 순이었어. 여전히 어딘가로 폐플라스틱을 보내고 있다는 거지. 그렇다면 이런 쓰레기를 수입하는 나라는 어디일까? 말레이시아, 타이, 터키, 인도네시아 순이야. 수입국 가운데 홍콩과 네덜란드 같은 잘사는 나라도 폐플라스틱을 꽤 수입한 걸로 나와. 그린피스 서울 사무소에 따르면 네덜란드 폐플라스틱 수입 규모가 큰 이유를 중국 등 아시아 국가로 수출하던 게 막히니까 영국이 네덜란드로, 네덜란드가 다시 동남아시아로 수출했기 때문이라고 해. 폐플라스틱을 저소득 국가로 우회하면서 떠넘긴다는 얘기야.

저소득 국가로 쓰레기가 떠넘겨지면 어떤 문제가 생길까? 앞서 설명했듯이 쓰레기 수거 시스템이 잘 갖춰져 있어야 환경 오염을 줄일 수 있거든. 잘사는 나라는 공식적인 쓰레기 수거 시스템이 96퍼센트 정도 갖춰져 있어서 이를 통해 수거해 가는 반면, 중하위소득 국가의 수거율은 51퍼센트 정도, 저소득 국가의 경우는 39퍼센트에 불과해. 의류쓰레기가 동남아시아로 수출되면서 처리하지 못한 쓰레기들이 강이며 들에 쌓여서 환경을 오염시키는 까닭은 그들 나라엔 수거 시스템이 제대로 갖춰지지 못했기 때문이야. 그들의 생활 방식이 더러운 것을 아무 곳에나 두어도 괜찮아서가 아니라!

늘어나는 쓰레기를 감당할 공간이 줄어들자 쓰레기를 땅에 묻는 매립 방식에서 가능하면 자원을 순환시키고, 재활용이 불가한 쓰레기는 태운 뒤에 남은 재를 땅에 묻는 방식으로 바뀌고 있어. 우리나라도 직매립을 금지하고 재활용, 재사용, 업사이클링 등 자원을 순환하는 쪽으로 쓰레기 정책이 변화하는 것도 이런 이유야. 자원도 절약하고 에너지 소비와 쓰레기도 줄일 수 있으니 일석삼조인 셈이지.

그렇지만 생산량을 줄이는 게 이 모든 일보다 선행돼야 한다는 건 아무리 강조해도 지나치지 않아. 자원 순환에도 분명 에너지가 쓰이고, 오염 물질은 발생할 수밖에 없으니까. 과학과 기술로 우주여행을 연구할 게 아니라 지구의 쓰레기를 어떻게 자원으로 활용할지를 궁리해야 할 때가 아닌가 싶어. 그런 점에서 세계 여러 나라의 쓰레기 제도를 살펴볼 거야. 좋은 아이디어라면 우리도 적극 벤치마킹해야겠고 미진하다면 반면교사로 삼아야겠지.

중국, 4가지 쓰레기 분리수거 정책

2004년은 중국이 세계에서 가장 많은 쓰레기를 배출하는 국가로 등극한 해였어. 1위였던 미국을 제쳤거든. 중국에서도 베이징은 최대 쓰레기 배출 도시야. 한때 베이징 주변으로 400개가 넘는 쓰레기 산이 있었다고 해. 베이징 시내의 공터엔 쓰레기와 잡초가 뒤엉켜 자라고 무허가 판자촌도 즐비했고 말이야. 지금의 모습과 비교하면 이런 풍경은 상상하기 어렵지.

2020년 5월, 베이징시는 생활쓰레기 관리 조례를 발표하고 쓰레기 분리수거 정책을 시작했어. 그 이전까지 중국에서는 쓰레기 분리배출을 전혀 하지 않았거든. 이제 베이징 주민들은 재활용, 유해, 음식물, 기타 이렇게 4가지로 쓰레기를 분류해서 버려야 해. 이를 어겼을 땐 우리나라 돈으로 8800원~3만 5000원 정도의 벌금을 내야 한대.

최근 중국의 산업이 발전하면서 사람들이 소비문화에 익숙해지니까 생활쓰레기는 해마다 8퍼센트씩 증가하고 있어. 2016년에는 28곳이던 베이징시 쓰레기 매립 소각장이 2020년에는 45곳으로 늘어났지. 아직은 중국의 쓰레기 정책이 정착 단계라고 할 수는 없어.

일본, 법을 만들고 국민을 교육하고

일본은 무척 까다로운 분리배출 제도를 실시하고 있어.

2021년 기준, 일본의 쓰레기 관련 법은 17개나 되거든. 특히 재활용 관련 법은 1995년에 제정·공포된 용기 포장 리사이클법을 시작으로 가전 리사이클법, 건설 및 식품 리사이클법, 자동차 리사이클법, 소형 가전 리사이클법 등 5가지 부분으로 법률이 마련되어 있어.

이렇게 쓰레기 관련한 법률과 행정 시스템이 철저한 까닭은 산업폐기물 불법 투기로 일본 사회가 몇 차례 곤혹을 치렀기 때문이라고 해. 그렇다고 불법 투기가 근절된 건 아니야. 2021년 7월 시즈오카현 아타미시에서 산사태가 발생했는데 불법 투기가 원인이었거든. 장마전선의 영향이라지만 기록적인 폭우가 쏟아지면서 산사태가 발생했는데, 산사태가 시작된 지역이 나무를 베어내고 택지로 개발하기 위해 흙을 잔뜩 쌓아둔 곳이었다고 해. 사망자가 발생할 정도로 큰 사고였는데 쌓아둔 흙 밑에서 폐타이어, 폐목재, 화학품 용기 등 산업폐기물이 대량으로 발견되었지. 우리나라 쓰레기 산도 그렇고, 불법 투기 문제는 나라마다 비슷한 고민거리구나 하는 생각이 들어.

2000년대 들어서부터는 '순환형 사회 형성을 위한 3R' 교육을 시작했어. 3R이 뭔지 기억하지? 줄이고, 재사용하고, 재활용하는 교육을 초등학교 저학년 교과서에 의무적으로 신

게 하고, 시험 문제로도 출제한대. 이렇게 20년 넘게 교육하
다 보니 국민들의 몸에 밴 거야. 일본 환경성 보도자료 등에
따르면 일본 쓰레기 총 배출량이 2006년 4억 7000여만 톤에
서 정점을 찍은 뒤로 계속 줄어들어 2018년에는 4억 2600만
톤으로 감소했어. 쓰레기가 줄어드니까 소각 시설도 2006년
1200여 곳에서 2019년엔 1082곳으로 100곳 정도 줄었대.
쓰레기를 줄이기 위해서 무엇을 해야 하는지 일본의 사례에
서 힌트를 얻을 수 있겠지?

싱가포르, 재활용의 책임은 정부와 생산자에게

싱가포르도 전 세계에서 깨끗하기로 유명한 도시국가야.
그런데 깨끗함의 비결이 재활용 분리배출을 열심히 하는 일
본과는 좀 달라. 싱가포르에 가면 가장 눈에 띄는 게 거리 곳
곳에 쓰레기통이 정말 많다는 거야. 인구가 1000만 명쯤 되
는 서울시의 청소노동자는 6000명이 조금 넘는데, 싱가포르
는 508만 인구에 청소노동자가 5만 7000명쯤 돼. 서울시에
비해 인구는 절반인데 청소노동자 수는 거의 10배가량 많으
니까 실제로는 20배나 많은 수의 청소노동자가 싱가포르를
청소한다고 생각하면 될 것 같아.

싱가포르의 쓰레기 정책은 국민들의 번거로움을 최소화하

는 게 핵심이야. 재활용 분리배출을 강요하지 않아. 모든 쓰레기를 비닐봉지에 담아서 '잘' 묶어 지정된 장소에 내놓기만 하면 끝이야. 그렇지만 쓰레기를 무단투기할 경우엔 벌금이 어마어마해. 처음 어겼을 경우 170만 원의 벌금을, 두 번째 적발되면 340만 원, 이런 식으로 쓰레기 무단투기를 엄벌로 관리하고 있지. 쓰레기를 다발로 모아서 재활용할 것과 쓰레기로 탈락시킬 것을 구분한 다음, 쓰레기는 태운 후에 남은 재를 본토에서 멀리 떨어진 섬 근처 바다에 매립하고 있어. 그래서 싱가포르 국토는 조금씩 커지는 중이야. 쓰레기를 태울 때 나오는 소각열은 싱가포르 전력의 3퍼센트를 충당하고 있어. 기업이 생산한 제품이나 포장재에서 나오는 쓰레기를 수거하고 재활용까지 책임지고 하도록 방법을 마련할 예정이라고 해. 정부가 국민들에게 쓰레기 문제를 전가시키지 않고 기업과 생산자에게 쓰레기를 줄일 적극적인 역할을 유도한다는 것은 눈여겨볼 점이야.

인도네시아, 일회용 비닐 사용 금지

고소득 국가의 쓰레기가 유입되는 나라 중에 인도네시아가 있어. 인도네시아는 중국에 이어 2019년부터 폐플라스틱 수입을 금지했지만, 여전히 재활용이 어려운 유해 쓰레기가 밀

반입되는 실정이야. 이렇게 들어온 쓰레기들은 하천에 마구 버려지거나 불법 소각되면서 환경을 오염시키지.

자카르타 주정부는 2019년부터 쇼핑센터나 편의점, 전통시장에서 일회용 비닐봉지 사용을 금지하고 있어. 위반해 적발된 업소는 우리 돈으로 최대 200만 원의 벌금을 내야 하고 인허가를 취소당할 수도 있다고 해. 2020년 세계경제포럼WEF 보고서에 따르면 인도네시아의 폐플라스틱 재활용 비율은 10퍼센트 남짓이야. 수도인 자카르타 외곽에 위치한 반타르 게방이라는 쓰레기 매립지는 축구장 200개를 합친 면적에 아파트 15층 높이라고 해. 세계에서 몇 손가락 안에 드는 규모야.

인도네시아에서 발생하는 전체 쓰레기의 48퍼센트는 생활 쓰레기인데, 쓰레기를 처리할 인프라가 제대로 갖춰지지 않아서 대부분 불법으로 소각된다고 해. 2018년에 인도네시아 정부는 쓰레기 처리 시설을 12개 지역에 건설하겠다고 계획을 세웠지만 실제로는 두 군데밖에 가동을 못하고, 그것마저도 규모가 작아서 쓰레기를 처리하는 데 많이 부족한 실정이야. 정부의 의지 문제도 있고, 재정적인 부담도 원인일 거야. 이런 상황에서 해외 쓰레기까지 유입되는 건 쓰레기 문제를 더 어렵게 만드는 거지.

타이, 친환경 스타트업들의 기술을 활용하다

해외 관광객들이 버리는 쓰레기 때문에 고민인 나라 중에 는 타이가 있어. 유명 관광지인 파타야는 코로나19 이전까지 하루에 배출되는 쓰레기양이 1인당 3.9kg이나 되었는데, 대 부분 관광객이 버린 것들이야. 이곳은 쓰레기를 수거하고 폐 기하는 기반 시설마저 무척 부족한데 역시나 예산이 넉넉하 지 않기 때문이라고 해. 그렇다 보니 수거된 쓰레기 가운데 58퍼센트만 매립이나 소각 처리되고 나머지는 야적장에 방치 되거나 오염 물질을 거르는 장치가 부실한 소각로에서 태워 져. 환경 문제가 발생하지 않을 수 없는 구조야. 관광지에서 버려지는 쓰레기 중 64퍼센트는 주로 먹을거리라 썩으면서 메탄이 발생해. 메탄은 이산화탄소보다 온실효과가 최소 20 배 이상 크거든. 그뿐 아니라 썩으면서 침출수도 생겨서 지하 로 스며들어 오염을 일으키지.

산업 쓰레기에서 나오는 중금속 같은 독성 물질도 토양으 로 스며들어 결국 강을 거쳐 바다로 흘러 들어가. 타이는 폐 플라스틱 해양 유출 6위 국가이기도 해. 결국 어느 나라든 쓰 레기 관리가 제대로 안 되면 결국 우리 모두의 바다가 오염되 니까 이게 한 나라만의 문제로 끝날 일이 아니라는 거야.

이런 상황에서도 좌절하지 않고 열심히 쓰레기를 줄이려고 노력하는 사람들이 있어. 치앙라이에서는 음식쓰레기를 처리하기 위해 가정용 퇴비 시설을 설치하고, 쓰레기를 분류하고 처리하는 폐기물 은행을 설치해서 판매 가능한 재활용품을 분류하고 있어. 치앙라이 지방정부는 D-ToC라는 정보기술 플랫폼을 도입해서 위험한 폐기물을 분류해 안전하게 처리하는 중이야. 난이라는 도시에서는 마을과 학교, 상점, 호텔 등이 협력해서 3R 운동을 진행하고 있어. 우리나라에서 유행했던 '용기 내!' 캠페인처럼 가방, 바구니, 텀블러와 함께 타이의 전통 식품 용기인 핀토를 다시 쓰는 운동을 벌이고 있지. 쓰레기 배출에 엄청난 영향을 끼치는 관광객들에게 플라스틱 병, 알루미늄 캔, 플라스틱 수저, 나무젓가락, 생분해 쓰레기를 분리해서 배출할 것을 요구하고 있고.

배우인 알렉스 렌델은 유엔환경계획^{UNEP}의 초기 친선대사로, 환경교육에 헌신하고 있지. 쓰레기를 줄이고 친환경운동을 펼치는 전 세계 민간단체인 트래시 히어로^{Trash Hero} 지부가 타이의 주요 관광지를 중심으로 32개나 있어. 섬유와 의류산업에서 버려지는 재고품을 아깝게 생각한 스타트 업체인 모어루프는 이런 재고품을 모으는 온라인 유통 플랫폼을 설립했어. 섬유 재고량 정보를 받아서 필요한 패션디자이너나 기업에 연결해 주기도 하고 새로운 상품으로 자체 생산도 하면서 쓰레기 배출량을 줄이고 탄소 배출까지 줄이는 일을 하고 있지. 이런 공로를 인정받아 2021년 시드^{SEED} 저탄소상[•]을 받는 영예를 얻었어.

미국, 쓰레기 배출량 1위라는 불명예

미국은 1인당 쓰레기 배출량이 전 세계 1위야. 2018년 기준으로 도시에서 생활하는 미국 사람 한 명이 1년 동안 배출하는 쓰레기양이 773kg으로 에티오피아의 7배에 이르지. 미국에서 이 쓰레기를 재활용하는 비율은 35퍼센트로, 독일 68퍼센트와 비교하면 절반 정도밖에 안 돼.

미국의 모든 주가 그런 건 아닐 테지만, 대체로 학교 급식에 일회용 식기가 사용되고 분리배출 없이 음식물까지 포함한 모든 쓰레기를 한 쓰레기통에 버려. 이렇게 쓰레기 관리를 엉망으로 하면서 자국의 쓰레기를 중국에 떠넘겼었는데, 중국이 수입을 금지하자 발등에 불이 떨어졌지. 베트남, 말레이시아, 타이 등으로 쓰레기를 전가시킬 곳을 찾기도 하고, 방법을 못 찾은 주에서는 매립을 하고 있는 실정이야.

• 저개발 국가의 사회 및 환경 분야에서 혁신적이고 유망한 지역 주도 기업에 수여하는 상이다.

저소득 국가는 재정이 어려워서 그렇다지만 미국의 쓰레기 정책은 왜 이럴까? 돈을 아끼려고 쓰레기 처리를 민간업체에 맡겼기 때문이라는 지적이 있어. 190개국이 가입한 바젤협약에 미국이 가입하지 않은 까닭은 화석 연료 기업들이 반대하기 때문이야. 쓰레기의 많은 부분을 플라스틱이 차지하고 있고 플라스틱의 원료는 화석 연료이기 때문이지. 미국이라는 나라에 환상이 있었다면 조금 실망스러울지도 모르겠네. 미국에도 쓰레기로 인해 피해를 보는 지역이 있어. 하와이의 카밀로 비치는 '플라스틱 비치'로 불리는데, 세계에서 가장 더러운 곳 중의 하나야. 옛날에는 나무토막 같은 게 떠밀려왔지만 이젠 태평양에 떠다니는 온갖 쓰레기 더미가 흘러들기 때문이야. 연결된 세상이 실감나지?

덴마크, 음식물쓰레기의 날을 만들다

덴마크에는 음식물쓰레기의 날이 있는데, 9월 29일이야. 덴마크는 2018년 OECD 가입 국가 가운데 1인당 배출한 생활 쓰레기가 가장 많은 나라였어. 당연히 음식쓰레기도 마찬가지로 많았지. 2008년 셀리나 율은 페이스북에 '음식 낭비 중단'이라는 소그룹을 만들어 음식물쓰레기를 줄이는 운동을 시작했고, 이 활동이 알려지면서 덴마크 정부와 공동으로 다양한 캠페인을 펼치기 시작했어. 덴마크 왕실도 적극적으로 함께했지. 냉장고 파먹는 날, 잔반을 요리해 먹는 '일요일 타파스', 여름휴가 가기 전에 이웃에게 식재료 나누기 등이 대표적인 내용이었어. 이런 노력이 덴마크 국민들의 사고방식을 바꾸었고 음식물쓰레기의 날까지 만들게 된 거야.

미래를 생각하는 마음과 기술의 만남

음식물쓰레기가 많은 이유 가운데는 애당초 팔기도 전에 탈락하는 식품이 많기 때문이기도 해. 그래서 표준 크기에 맞지 않거나 모양이 이상하다는 이유만으로 식품을 버리지 말자는 운동이 유럽 환경활동가들 사이에서 시작됐어. 2010년 영화 제작자이자 저널리스트인 발렌틴 툰이 널리 퍼트린 '푸드 셰어링'이 있어. 무심코 버려지던 음식을 나누며 거리에 공유 냉장고를 설치한 게 시작이었지.

2017년 독일 베를린의 환경운동가 라파엘 펠머와 엔지니어인 마르틴 스호르트가 창업한 스타트업인 서플러스Sirplus는 대형 마트에서 팔다 남은 식품을 모아서 싼값에 다시 판매하는 음식 재활용 마트야. 버려지는 음식을 구조하자는 목소리는 곳곳에서 들리고 있지.

2019년 덴마크에서 시작한 스타트업 모타토스MOTATOS도 음식물 구조를 내걸고 유통 기한이 지나 폐기되는 식품과 생활용품을 판매하기 시작했어. 2022년 현재 모타토스는 덴마크, 스웨덴, 핀란드, 독일까지 네 나라에서 영업 중이고, 곧 영국에서도 활동할 계획이라고 해. "음식을 사랑한다면 구해 주세요! 좋은 음식이 있을 곳은 쓰레기통이 아니라 위장이기 때문입니다. 그렇게 생각하지 않나요?" 모타토스 웹 사이트에서 만나게 되는 문구야.

마트에서 버려지는 음식을 구하려고 유통 기한이 임박한 식품들을 싸게 파는 걸 본 적이 더러 있을 거야. 사실 유통 기한이 지나도 충분히 먹을 수 있는데도 그 날짜가 기준이 돼 버려서 멀쩡한 음식을 버리곤 했어. 우리나라는 2023년부터 유통 기한을 소비 기한으로 바꿔서 표기하기로 했어. 식품을 유통시킬 수 있는 기간이 길어졌으니 음식물쓰레기가 줄어들지 않을까?

식품 (미개봉 상태)	소비 기한 (유통 기한 날짜 이후)
요거트 소비 기한	+10일
콩나물 소비 기한	+10일
식빵 소비 기한	+20일
달걀 소비 기한	+25일
우유 소비 기한	+50일
치즈 소비 기한	+70일
두부 소비 기한	+90일
냉동 만두 소비 기한	+25일
액상커피 소비 기한(실온)	+30일
김치 소비 기한	+6개월 이상
라면 소비 기한(실온)	+8개월
고추장 소비 기한	+2년 이상
참기름 소비 기한(실온)	+2년 6개월
식용유 소비 기한(실온)	+5년
참치 캔 소비 기한(실온)	+10년 이상

식품별 소비 기한
내용 출처: 한국소비자원 기획재정부,
식품의약품안전처

IT 기술을 활용한 음식물쓰레기 줄이는 방법이 유럽 여러 나라에서 화제야. 투굿투고^{TooGoodToGo}는 식당에서 팔다 남은 음식을 싸게 판매하는 앱이야. 2015년 덴마크에서 남은 뷔페 음식이 버려지는 걸 막기 위해 만든 앱인데, 유럽 13개 나라에서 서비스 중이야. 이 앱으로 음식을 주문하면 "음식을 구해 주셔서 고맙습니다"라는 메시지를 받는다고 해. 앱에서 자기가 사는 지역을 누르면 투굿투고에 등록한 근처 식당에서 팔다 남은 음식을 알 수 있어. 앱으로 미리 결제하고 가게에 가서 음식을 받아오는 방식이라 식당뿐 아니라 슈퍼마켓이나 대형 마트에서도 팔다 남은 신선식품을 올린다고 해.

환경과 생태 공부가 필요한 이유

우리가 환경과 생태를 제대로 알아야 건강한 기업도 생겨나고 지속 가능한 정책도 만들 수 있어. 제임스 브래드필드 무디와 비앙카 노그래디는 《제6의 물결》에서 산업혁명 이후 석탄, 석유, 목화, 강철, 숲 등 자원 소비를 바탕으로 세계 경제가 비약적인 발전을 이루어 왔지만 자원이 한정된 시대에는 자원의 효율성이 발전의 근간이 될 거라고 했어. 폐자원을 재활용해서 쓰레기가 돈이 되는 세상이 올 거라는 이야기지.

2018년 세계은행 보고서에 따르면 인류의 쓰레기 배출량이 연간 20억 톤이 넘어. 20억 톤이라니 감이 잘 오지 않지? 올림픽 경기 기준 수영장 80만 개를 채우고도 남을 양이라고 해. 쓰레기 발생량이 2050년에는 38억 8000만 톤으로 증가할 거라고 예측하고 있어. 하지만 재활용되는 쓰레기는 고작 16퍼센트에 그칠 거라고 예상해. 쓰레기 발생량은 소비와 관련이 깊고, 소비는 소득과 상관관계가 있어. 또한 쓰레기 불평등 문제를 불러오지. 인간이 함께 살아가는 세계가 평평하지 않다는 걸 우리가 알고 느끼려면 환경과 생태에 꾸준한 관심이 필요해.

제로웨이스트는 좋은 삶 ←

제로웨이스트의 삶은 단지 쓰레기를 줄이는 걸 넘어서 궁극에는 온실가스 배출을 줄이는 일이고, 내 삶을 다이어트하는 일이야. 따라서 삶 전반이 바뀌어야 한다는 걸 책을 읽는 동안 느꼈길 바라.

소비를 줄이고, 플라스틱과 패스트 패션과 전자제품으로 가득 채워진 삶에서 꼭 필요한 물건만 소유하고, 어떤 물건이 필요할 땐 가능하면 내게 있는 다른 물건으로 대체하거나 중고 물품을 활용하고, 전자제품은 최대한 오래 사용하고, 고장 난 물건은 수리해서 쓰고, 개인 차량 대신 공유 차량이나 대중교통을 활용하고, 채식 위주 식단으로 살아 보는 것, 그러한 삶의 모습이 바로 제로웨이스트의 삶이라고 생각해. 그런 삶을 산다면 많은 돈이 필요할까? 많은 돈을 벌기 위해 직장에 묶이는 삶이 아니라, 내가 정말 하고 싶은 일을 하며 정당한 목소리를 내는 것, 그것 또한 제로웨이스트의 삶이 아닐까? 그렇다면 나는 어떤 삶을 살고 싶은지 알아야겠지?

에콰도르와 볼리비아는 전 세계에서 토착문화를 가장 잘 고수하고 있는 국가에 속해. 이 나라들은 새로운 헌법을 만들면서 아주 신선한 문구를 박아 넣었어. 남아메리카 선주민인 케추아족의 말로 '충만한 삶' 또는 '좋은 삶'을 뜻하는 '수막 카우사이Sumak Kawsay'야. 스페인어인 '부엔 비비르Buen Vivir'로 더 많이 알려져 있지. 인간과 자연이 조화롭게 공존하는 삶을 의미해.

에콰도르와 볼리비아가 속해 있는 라틴아메리카는 아름다운 자연 경관으로 유명하지만 불평등, 인종 차별, 폭력, 가난, 쿠데타 등의 문제가 계속 벌어지며 정치적으로 불안정했던 지역이기도 해. 1980년대 외채 위기 이후 들어온 신자유주의로 자원 채굴과 원자재를 수출하며 발전을 꾀해 보기도 했지. 그렇지만 국민의 삶의 질은 나아지지 않았고 불평등과 가난의 수렁으로 빠져들었어. 특히 선주민들이 주로 사는 곳에 천연자원이 많이 매장돼 있고 생물종 다양성이 높다 보니 경제성장이라는 미명 아래 난개발이 이루어지면서 그곳 주민들의 삶이 파괴되었지. 선주민들은 자신들의 삶을 위협하는 이런 발전 방식을 비판하며 환경 문제와 신자유주의를 성찰하

기 시작했어. 본래 그들 삶의 뿌리를 이루던 행복론이자 세계
관인 수막 카우사이를 다시 생각하게 된 거야. 그건 인간에게
도 자연에게도 좋은 삶을 살자는 의미이고, 그러기 위해서는
자연의 권리를 존중해야 한다는 거지. 지구 생태계가 어떻게
되든 풍요만을 누리려는 서구의 패러다임으로부터 벗어나 뭇
생명과 조화로운 삶을 영위하자는 개념이야.

　2008년 에콰도르 헌법, 2009년 볼리비아 헌법의 정신을
관통하는 '좋은 삶'은 세계 여러 나라의 생태운동을 하는 이
들에게도 큰 울림을 주고 있어. 무한 경쟁을 부추기는 신자유
주의에서 공존과 공생의 메시지인 부엔 비비르는 신선했으니
까. 이 공존과 공생이라는 것은 결국 모두가 상호 의존적이라
는 의미거든. 인간뿐만 아니라 동식물, 나아가 산하 대지까지
모든 존재는 서로 관계를 맺고 있고 서로 '접속'되어 있다는
거야. 앞서 설명했던 접속의 시대, 접속을 통한 관계 맺기에
대한 내용을 기억하니? 신기술만이 접속할 수 있는 건 아니
야. 모든 존재하는 것들은 관계의 그물망 안에 놓여 있어. 우
리가 배운 지식조차도 말이야. 인류의 조상들이 축적해 놓은
지식이 없었더라면 우리는 과연 오늘날 우주로 여행을 할 수
있었을까? 당연히 불가능했을 거야. 서양의 철학과 과학은
자연을 착취할 수 있는 자원으로, 인간의 지배가 당연한 것으

로 여기게끔 부추겼고, 이런 상호 의존성은 무참히 박살났던 거야. 그걸 멈추고 상호의존적인 삶, 좋은 삶으로 돌아가자는 부엔 비비르를 다시 꺼내어 알리기 시작한 거지.

'좋은 삶'은 이 책을 관통하는 메시지야. 제로웨이스트는 소비를 줄이고 삶을 다이어트하는 데서 출발해. 소비를 줄인다는 것은 자원 채굴을 줄인다는 의미이기도 해. 그러니 생태계를 보존하는 일이기도 하지.

좋은 삶을 위한 모든 변화의 주체는 시민이었어. 그 시민들은 우리나라 인구 5000만에 비하면 정말 작은 숫자야. 그렇지만 모였고, 힘을 합쳤고, 변화를 이끌었고, 계속 변화를 일으키고 있어.

어떤 청원이든 참여해 본 적 있니? 서명은? 부당하거나 변화가 필요하다고 판단되는 일에 사람들의 힘을 모으려고 서명을 하고 청원을 넣기도 해. 많은 사람이 참여할수록 힘은 커지니까 이런 일에 적극 참여하는 것도 세상을 변화시키는 데 도움이 되지.

담배꽁초의 필터가 플라스틱이고 바다로 떠내려가서 미세 플라스틱을 만든다고 했잖아. 만약 담배 회사에서 담배꽁초를 모두 수거해 가도록 법을 만들면 어떨까? 생산자 책임 재활용 제도를 적용하는 거지. 생산했으니 책임지고 치우라고 말이야. 행사할 때 풍선을 띄우면 쓰레기를 공중에 내다 버린 것으로 처벌 대상이 되게 조례를 제정하면 어떨까? 풍선은 바닷새들의 목숨을 앗아가는 위험한 플라스틱 쓰레기거든.

쓰레기가 이토록이나 많이 발생할 수밖에 없었던 배경에는 우리가 미처 몰랐던 무지도 원인이지만, 무엇보다 이윤을 추구하느라 폐기물 문제를 알고도 눈감은 기업의 책임이 가장 커. 쓰레기를 줄이기 위한 국가 차원의 정책이나 제도도 아직까진 부족하고, 시민 교육도 절실한 실정이야. 이렇게 여러 문제가 얽혀 있는 쓰레기 문제를 해결하려면 원인을 정확히 알아야 하고, 문제 해결을 위해 보다 많은 시민이 함께 목소

리를 내야 해. 우리의 작은 행동이 모여 큰 변화를 가져온다는 믿음도 중요하고 말이야.

그리고 마지막으로 하고 싶은 한마디는 서로 사랑하라는 거야. 우리가 내 주변의 이웃을, 시민을, 지구촌 모든 사람을, 그리고 더 나아가 새들을, 동물을, 나무를, 숲을 사랑하게 된다면, 진정으로 그들에게 연민을 느끼게 된다면, 지금 바로 여기서 내 삶을 바꾸지 않고는 견딜 수가 없어. 단순 소박한 삶으로 바꾸지 않고는 견딜 수가 없는 거지.

너희의 미래가 제로웨이스트로 조금은 살 만한 세상이 될 수 있도록 나도 온 노력을 아끼지 않을 거야.

사회
쫌 아는
십 대
17

에께다 쓰레기가 이토록 많아진 걸까?

제로 웨이스트
쫌 아는 10대

초판 1쇄 발행 2022년 11월 21일
초판 3쇄 발행 2023년 7월 31일

지은이 최원형
그린이 방상호
펴낸이 홍석
이사 홍성우
인문편집팀장 박월
편집 박주혜
디자인 방상호
마케팅 이송희
관리 최우리·김정선·정원경·홍보람·조영행·김지혜

펴낸곳 도서출판 풀빛
등록 1979년 3월 6일 제2021-000055호
주소 07547 서울특별시 강서구 양천로 583 우림블루나인비즈니스센터 A동 21층 2110호
전화 02-363-5995(영업), 02-364-0844(편집)
팩스 070-4275-0445
홈페이지 www.pulbit.co.kr
전자우편 inmun@pulbit.co.kr

ISBN 979-11-6172-852-0 44300
        979-11-6172-731-8 44080 (세트)